KB251910

식량이 부족한
세상이 온다면

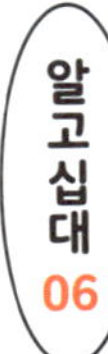

식량이 부족한 세상이 온다면

식량 위기 시대, 기후 위기 대응부터 미래를 위한 식량 안보까지

초판 1쇄 발행 2024년 9월 26일
초판 2쇄 발행 2025년 3월 14일

지은이 진중현, 박현승
그린이 이혜원
펴낸이 홍석
이사 홍성우
인문편집부장 박월
책임편집 박주혜
편집 조준태
디자인 이혜원, 조금상
마케팅 이송희, 김민경
제작 홍보람
관리 최우리, 정원경, 조영행

펴낸곳 도서출판 풀빛
등록 1979년 3월 6일 제2021-000055호
주소 07547 서울특별시 강서구 양천로 583 우림블루나인 A동 21층 2110호
전화 02-363-5995(영업), 02-364-0844(편집)
팩스 070-4275-0445
홈페이지 www.pulbit.co.kr
전자우편 inmun@pulbit.co.kr

ISBN 979-11-6172-966-4 44330
   979-11-6172-842-1 (세트)

식량 위기 시대, 기후 위기 대응부터
미래를 위한 식량 안보까지

식량이

진중현·박현승 글 | 이혜원 그림

부족한
세상이
온다면

들어가는 글

여러분, 안녕하세요. 저희는 식량을 연구하는 진중현과 박현숭입니다. 식량 중에서도 특히 우리 생활의 중심인 '삼시세끼'를 책임지는 밥의 재료 '쌀', 그리고 그 쌀을 생산하는 식물인 '벼'를 주로 연구하는 육종학자입니다.

저희 소개를 하는 중에, 벌써 몇 개의 질문이 나왔네요.

- 식량이란 무엇일까?
- 식량도 연구하고 개발하는 걸까?
- 왜 하루에 세끼를 먹을까?
- 어떻게 쌀이 우리나라의 중요한 식량이 되었을까?
- 쌀밥만 식량일까?

식량이 부족한 세상이 온다면

● 육종학자는 무엇을 연구할까?

여러분이 매우 익숙하고 잘 알고 있다고 생각하는 식량에 대해 다양하고 진지한 이야기를 나누고자 합니다. 어쩌면 이 책을 통해 우리가 알고 있다고 믿었던 것들이 사실은 몰랐던 것임을 깨달을지도 모릅니다. 마치 늘 함께 살고 있는 가족의 마음을, 가장 잘 안다고 생각한 친구의 마음을 잘 헤아리지 못해서 오해를 하고 속상한 상황을 겪기도 하는 것처럼요.

우리는 매일 먹습니다. 먹지 않고는 살 수 없기 때문이죠. 우리가 생존할 수 있도록 해 주는 먹거리를 '식량'이라고 해요. 《한국민족문화대백과사전》에 따르면 식량은 크게 보았을 때 고든 먹거리, 곧 음식물의 재료를 뜻하며, 작게 보았을 때는 우리의 생존에 필요한 열량을 공급하는 벼, 밀, 보리, 콩, 기장, 수수, 옥수수 등과 같은 곡물을 들 수 있습니다.

그러나 당연하게 여겼던 이 정의를 받아들이기 어려운 사람도 있을 거예요. 이미 2022년에 우리나라의 돼지고기를 포함한 육류의 1인당 소비량이 쌀 소비량을 넘어섰다는 한국농촌경제연구원의 통계 발표는 '식량은 곡식이다'라는 작은 범위의 정의를 다시 한번 생각하게 하지요. 돼지고기 역시 열량을 공급하는 단백질과 지방으로 구성되어 있으니, 그 자체로도 식량이라고 볼 수 있어요.

*단위:만 톤

세계	2018	2019	2020	2021	2025(전망)	2030(전망)
소비량	33,071.5	32,515.3	32,629.2	33,225.5	35,378.9	37,167.5
쇠고기	7,021.1	7,050.8	7,012.5	7,011.7	7,213.4	7,442.1
돼지고기	12,006.1	10,863.2	10,818.5	11,259.7	12,337.3	12,702.7
가금육	12,474.7	13,005.2	13,193.6	1,619.6	1,716.5	1,839.5
양고기	1,569.5	1,596.1	1,604.5	1,619.6	1,716.5	1,839.5

쌀과 육류 소비량 통계 (자료: OECD Statistics. (http://stats.oecd.org, 검색일: 2021.11.16))

그러나 우리가 먹는 육류와 수산물의 생태적 먹이사슬을 추적해 보면, 결국 축산과 수산양식 모두 곡물 또는 식물을 먹이로 삼는다는 사실을 알 수 있습니다. 식량은 인간이 직접 소비하는 '식량작물'과 동물의 먹이가 되는 '사료작물'로 나뉘는데요. 대부분의 식량작물과 사료작물도 결국은 곡물이기에 농학적, 경제학적으로 '식량=곡물'이라는 정의를 내릴 수 있죠. 따라서 이 책에서는 식량에 대한 정의를 다음과 같이 하고자 합니다. '식량은 열량을 제공하는 음식의 재료'라고 말이에요. 그리고 식량을 공급하기 위해 재배하는 식물을 '식량작물'이라고 해요.

  식량이 부족한 세상이 온다면

우리의 삶과 생존에 필수적인 식량은 매우 중요합니다. 그러나 대부분의 사람들이 식량에 대해 잘 모르죠. 요즘은 먹거리 때문에 삶에 위협을 받는 사람이 거의 없으니까요. 또한 경제적으로 매우 어렵거나 특별한 재난 상황에 처한 사람에게 도움을 주는 정부의 복지 정책까지 마련되어 있습니다. 종종 노인들이 이야기하던 먹거리가 없어 배가 고팠던 '보릿고개'는 이미 잊힌 옛말이 되었고, 1970년대에 식량 자급을 이룩한 이래로 우리나라의 산업은 급격하게 성장하여 식량에 대한 걱정은 거의 사라졌어요. 2008년에 있었던 세계적인 식량 대란에 대해 아는 사람을 찾는 것조차 힘들 정도니까요.

하지만 식량이 저절로 생겨나는 것은 아니죠. 일상에서 사용해야 하는 전기가 끊기지 않고 공급되는 덕분에 문명이 지속될 수 있듯이, 어딘가에서 식량이 안정적으로 공급되도록 일하는 사람들 덕분에 현재 우리의 삶을 꾸려 나갈 수 있습니다. 식량에 관한 산업은 '농축림수산업' 또는 줄여서 '농수산업'이라는 영역에 속하는데요. 주로 식물(또는 작물)을 재배하는 산업을 농업이라고 하고 동물을 사육하는 산업을 축산업이라고 합니다. 산에서 자라는 나무나 풀, 채소 등을 생산하는 산업을 임업이라고 하며, 강과 호수, 바다에 사는 어패류와 해조류 등을 생산하는 산업을 수산업이라고 해요. 이렇게 자연에서 다양한 먹거리를 생산하는 농수산업 덕분에 식량이 충분히 공급되고 있지요.

그런데 농수산업이 '발명'된 것이라는 사실, 알고 있나요? 농업은 약 10만 년 전에 원시적으로 종자 등을 수집하는 행위에서 시작되었다고 보는 것이 현재까지 가장 널리 받아들여진 가설입니다. 역사 이전의 시대에 일어난 사건이기 때문에 화석, 지형 그리고 현재까지 계승되어 오는 농경 방식과 몇 가지 문헌 등으로 유추할 수 있지요.

먼 과거의 인류는 '나뭇가지를 꺾어다가 땅에 꽂으니 자라서 과일이 열리더라' 하는 식으로 무엇인가를 따로 기를 수 있다는 사실을 알게 되었을 것입니다. 그러다가 먹다 남은 것(주로 씨앗)을 뱉어 놓은 곳이나 남은 음식물 쓰레기를 모아 놓은 곳, 또는 분변 등에서 식물이 자라는 것을 보고 종자의 중요성을 깨달았겠지요. 이렇게 씨앗을 모았다가 좁은 공간에 뿌렸을 때 비슷한 식물들이 자란다는 것을 경험한 인류는 드디어 집약 농업을 시작하게 됩니다.

자, 저희 소개에서 시작된 식량과 쌀에 대한 이야기는 여기

  식량이 부족한 세상이 온다면

까지 하고, 지금부터는 우리가 왜 식량에 관심을 가지고 알아봐야 하는지를 이야기해 보고자 합니다. 여러분은 이미 '식량 위기'라는 단어를 다양한 미디어를 통해 여러 차례 들었을 거예요. 식량 위기는 기후 변화 때문이다, 전쟁 때문이다, 또는 어떤 기업 때문이다 등 난무하는 자극적인 정보들에 관심은 갖고 있지만, 이에 대한 배경을 이해하고 제대로 생각해 볼 기회는 많지 않죠. 식량 위기는 이미 눈앞에 다가와 있으며 세계 곳곳에서 식량 가격이 매우 크게 상승했다는 사례들이 보고되고 있습니다. 한 예로, 아프리카의 에티오피아는 1인당 GDP가 약 1,110달러 정도의 가난한 나라임에도 불구하고 30%가 넘는 인플레이션으로 인해 계란 1개가 우리 돈으로 300원까지 오르기도 했습니다. 식량의 80%를 외국에서 수입하고 있는 우리나라도 국제적인 식량 가격 상승 문제를 무시할 수 없는 상황이지요. 식량이 귀해지는 특수 상황이 되면 아무리 국제적인 계약을 했어도 그 약속이 잘 지켜질 수 있을까요?

식량에 대한 인간의 권리는 세계인권선언 제25조와 경제적사회적문화적 권리에 관한 국제 규약(ICESCR, 이하 사회권규약) 제11조, 유엔 아동권리협약(CRC) 제24조 및 제26조를 비롯한 다수의 국제 인권 조약에 명시되어 있을 정도로 중요한 권리이기 때문에, 강대국이라고 해도 인권을 무시한 채 경제적인 이유만으로 강제로 식량을 수입해 올 수 없습니다(2014 유엔 북한인권조사위원회 보고서(통일연구원 국문번역본). 식량권에 대한 특별 보고서는 이 권리를 다음과 같이 설명합니다.

"직접적으로 혹은 재정적 구매를 통해서 소비하는 사람들이 문화적 전통에 부응하여 양적으로나 질적으로 적절하고 충분한 식량에 정기적으로, 영구적으로 그리고 자유롭게 접근할 수 있으며, 두려움 없이 물리적정신적으로, 개인적집단적으로 충족감 있고 품위 있는 삶을 실현할 수 있는 권리이다."

1970년대 이전에 우리나라 사람들이 겪었던 식량 위기에 대한 인식은 '절대적인 식량 부족을 해결하여 온 국민이 굶지 않고 배불리 먹는 것'이었지만, 지금 우리가 마주하고 있는 식량 위기에 대한 인식은 그때와는 다른 내용일 거예요. 오늘날 우리나라는 경제적으로 세계 10위 이내의 부국으로 성장하여 많은 식량을 수입하고 있지만 새로운 국제질서와 기후 변화, 물과 자원의 부족 등 다양한 변화를 고려하여 이제는 우리 스스로 현재와 미래의 식량 문제를 이해하고 어떻게 대응 또는 방어해야 할지를 고민해야 합니다.

그럼 어떻게 하면 식량을 더 잘 생산하고 소비하고 분배하고 환경과 미래까지 생각하는 발전, 즉 '지속 가능한 발전'을 할 수 있을까요? 유엔은 SDG(Sustainable Development Goal, 지속발전목표)를 선정하고 세계 각국의 실천을 독려하고 있습니다. 당연히 식량과 농업은 그 목표에서 매우 중요한 한 축을 담당하고 있지요.

우리는 앞으로 다가올 식량 위기 문제에 대하여 현재 식량이 부족한지, 그리고 미래에 부족할지에 관해 국내외적 현실과 현황을 파악하고 그 원인을 함께 생각해 볼 거예요. 그리고 식량 관련 중요 문제를 대하는 올바른 인식을 함께 고민하고 인류, 국가 그리고 나의 수준에서 어떻게 식량 위기에 대응할 것인지를 이야기해 보려 합니다.

식량 위기를 생각할 때 떠오르는 가장 궁극적인 질문은 이것입니다. "과연 식량은 부족한가?"

그럼 왜 식량을 걱정하는 이야기들이 나오는지부터 함께 알아볼까요?

목차

2장 식량은 결국 부족해질까?

4장 식량 위기에서 살아남기

왜 지금
식량을
걱정하지?

1

1 식량 문제를 걱정해야 하는 이유

여러분은 오늘 아침에 무엇을 먹었나요? 학교에서 주는 점심 메뉴로 어떤 음식이 나왔나요? 좋아하는 반찬이 나오면 괜히 기분이 좋아지죠. 음식은 우리 몸을 건강하게 유지하고 움직이는 데 필요한 에너지와 영양소를 제공합니다. 탄수화물, 단백질, 지방은 에너지 공급의 주요 원천이며 비타민과 미네랄은 우리 몸의 다양한 기능들이 더 활발히 작동할 수 있도록 도와주는 역할을 하고 있어요.

자, 이제는 무엇을 먹었는지가 아닌, 누구와 먹었는지도 생각해 봅시다. 오늘 아침은 누구와 같이 먹었나요? 학교에서 점심을 먹을 때 누가 내 옆자리에 앉아서 먹었나요? 밥을 먹으면서 어떤 이야기를 했나요? 다들 즐거운 이야기를 나누면서 먹는 음식이 더 맛있게 느껴지는 경험을 한 적이 있을 거예요. 이처럼 우리의 삶에서 음식을 먹는 행위는 일상적으로 반복되는 일이자 살기 위해 꼭 필요한 일이지만, 단순히 배를 채우는 것 말고도 사람 사이의 관계를 이어 주는 역할도 하고 있답니다. 더 나아가 음식 문화가 인류의 문화를 만들고 사회 구조를 만드는 데도 커다란 기여를 했다는 사실을 알고 있나요? 예를 들자면, 고대 문명에서는 특정한 음식을 신에게 제물로 바치기도 했고 신성시되는 음식들이 있었어요. 이는 음식이 단순한 에너지원으로만 여겨지는 것이 아니라 인류의 사회와 문화에 깊숙이 뿌리내려 있다는 사실을 보여 줍니다.

산이 많은 우리나라의 경우 산나물을 활용한 음식이 풍부하게 발전했으며, 가까운 일본은 섬나라의 특성상 생선을 활용한 요리가 발달했습니다. 우리나라의 비빔밥, 일본의 초밥을 생각하면 쉽게 이해되지요? 이렇게 각 나라별 또는 지역별로 날씨와 계절, 지형, 자원이 모두 다르다보니, 각기 특색 있는 음식 문화가 발달했습니다. 그리고 각 지역의 자연환경과 연계된 음식은 그 지역의 역사와 문화를 반영하며 사람들의 삶에 깊은 의

각 나라의 대표 음식을 통해 자연환경뿐만 아니라 역사와 문화도 알 수 있습니다.

미를 주기도 해요.

　여기에 더해 과학 기술의 발전은 음식 문화의 변화에 속도를 더했습니다. 냉동, 발효, 진공 포장 등 다양한 보존 기술이 발전하면서 수확한 계절에만 먹을 수 있었던 음식들을 언제든지 즐길 수 있게 되었지요. 또한 국제 무역이 활성화되어 다른 나라의 전통 식재료를 집 앞 슈퍼에서도 구할 수 있을 정도로 다양한 세계 음식 문화를 쉽게 접할 수 있게 되었습니다.

이처럼 기술과 무역의 발달로 다양한 음식을 쉽고 풍족하게 누릴 수 있게 된 반면에, 영양의 불균형과 비만 같은 건강상의 새로운 문제도 등장했지요. 음식은 인간의 삶에서 여전히 중요한 위치를 차지하고 있으며, 음식과 식량에 대한 올바른 인식의 필요성 또한 재조명되고 있습니다.

우리에게 식량은 어떤 의미일까?

지역마다 자연환경과 문화적 배경이 다르기에 식량은 단순히 음식의 재료가 아니라 지역을 대표하는 상징과도 같습니다. 열대 지역에서는 망고와 바나나 같은 특정 과일이, 온대 지역에서는 쌀과 보리 같은 곡물이 주로 생산됩니다. 해양과 가까운 지역에서는 어촌이 활발하게 운영되어 해산물이 주요 식량원으로 쓰이지요.

하지만 지역의 식량이 단순히 자연환경에만 의존하는 것은 아닙니다. 한국의 김치, 일본의 초밥, 이탈리아의 파스타처럼 지역마다 고유의 식문화와 요리법이 있어요. 이런 문화적 특성은 수 세기 동안 그 지역 사람들 사이에 전해져 내려온 역사와 전통에 뿌리를 두고 있지요.

좀 더 나아가서 국가 차원의 식량은 더 큰 규모의 생산, 유통 그리고 규제에 중점을 둡니다. 국가의 농업 정책과 기술 혁신, 인프라 발전 등이 그 나라의 식량 생산 능력을 좌우하게 되는 거죠. 예를 들어, 어느 국가가 자체적으로 충분한 식량을 생산할 수 없다면 모자라는 양은 다른 나라에서 들여와야 할 것입니다. 그리고 국민의 건강과 안전을 위해 국가는 식품의 품질 및 안전에 관한 규제와 기준을 설정합니다. 규제는 소비자들이 안심하고 음식을 섭취할 수 있도록 보장하는 중요한 역할을 해요.

세계적 차원에서 보면 우리는 하나의 거대한 식량 네트워크 내에 있습니다. 이 네트워크는 각 나라의 생산 능력, 수요와 공급 그리고 글로벌 경제 동향에 따라 끊임없이 변화하고 있죠. 한 지역에서 일어난 기상재해나 농작물 수확 실패는 다른 지역, 심지어는 다른 대륙의 식품 가격에도 영향을 줄 수 있어요. 이렇게 복잡한 세계 식량 시스템을 관리하고 안정화하기 위해 여러 국제기구가 그 역할을 담당하고 있습니다. FAO(Food and

Agriculture Organization, 국제식량농업기구)나 WFP(World Food Programme, 국제식량계획)는 세계 각지의 식량 위기에 대응하며 안정적인 식량 공급을 위한 국제 협력을 추진하고 있어요.

그래서 식량은 단순히 우리가 먹는 음식만을 의미하는 것이 아니라 각 지역, 국가 그리고 전 세계의 경제, 문화, 환경과도 깊이 연결되어 있습니다. 식량을 생산, 유통, 소비하는 과정은 우리의 일상과 떼려야 뗄 수 없는 관계인 것이죠. 그런데 이러한 식량 시스템이 현재 여러 가지 위기에 처해 있습니다. 인구 증가와 도시화, 기후 변화와 자원의 고갈 그리고 전 세계 경제의 불안정성은 우리가 누리는 식품의 안정성을 위협하고 있어요. 이제 우리는 이러한 위기에 어떻게 대응해야 하는지, 그리고 그 위기가 우리의 식탁에 어떤 영향을 미치는지 자세히 알아볼게요.

복잡하게 얽혀 있는 세계 식량 문제

세계 인구는 계속해서 증가하고 있습니다. 특히 몇몇 국가에서는 매우 빠른 속도로 인구가 늘어나고 있어요. 이렇게 많은 사람들을 먹여 살릴 충분한 식량이 있을까요? 인구 증가와 도시 인구 집중으로 인해 도시가 더 커지고 복잡해지면서 농지는 상대적으로 줄어들고 있습니다. 아무래도 사람들이 많이 모여 사는 도시에서는 식량을 재배하여 생산하기보다는 주로 사서 먹다 보니 전반적으로 보관, 운송 및 마케팅 비용이 증가하여 식량 가격이 올라갈 수 있어요.

또한 여러분도 겪어 본 극심한 폭염이나 긴 가뭄, 그리고 예기치 못한 홍수 등의 기후 변화는 농작물 재배에도 큰 영향을 줍니다. 농작물은 일정한 기후 조건에서 잘 자라는데 이처럼 기후가 예측할 수 없게 변하면 스트레스를 받은 농작물은 품질과 생산량이 떨어집니다. 이로 인해 우리가 평소에 먹는 밥, 김치, 과일 등의 가격이 오를 수 있습니다.

물, 토지, 에너지 역시 우리가 매일 사용하는 중요한 자원입니다. 그런데 이 자원들도 한정되어 있어요. 특히 깨끗한 물이 부족한 나라가 많습니다. 물이 부족하면 농사를 지을 때 사용하는 물 역시 모자라기 때문에 결국 농작물의 생산량에 안 좋은 영향을 주지요. 또한 농업을 위한 토지도 도시화로 인해 줄어들어 식량 생산에 부정적인 영향을 미칩니다. 화석 연료와 같은 에너지 역시 사용할수록 줄어들 수밖에 없어서 전 세계가 함께 고민해야 할 한정된 자원이고요.

　세계 경제의 불안정성 또한 식품 가격에 큰 영향을 미칩니다. 예를 들어 기름 가격이 상승하면 식품 운송비도 올라가고, 이로 인해 식품 가격까지 올라갈 수밖에 없어요. 또한 특정 국가에서 발생한 식량 부족 현상은 투기로 연결되어 전 세계의 식품 가격에 영향을 미칠 수 있습니다. 이런 경제적인 문제들로 인해 가난한 사람들은 더욱 힘든 시간을 보내게 됩니다.

　이렇듯 이 모든 위기는 서로 연결되어 있습니다. 인구 증가는 식량 수요를 늘리고, 기후와 자원 위기는 식량 공급에 문제를 일으키며, 그 결과는 경제 위기로 이어질 수 있습니다. 이런 복잡한 문제를 해결하기 위해서는 모든 분야에서의 협력이 필요해요. 세계의 다양한 문제들, 특히 인구와 기후, 자원 및 경제 문제는 결국 우리의 식탁에 미칠 영향에 대한 고민으로 이어집니다. 이러한 고민의 뿌리에는 국제적 식량 산업의 복잡한 구조가 있습니다.

　먼저 세계 식량 시장의 구조를 이해하기 위해서는 주요 식량 생산 국가와 수입 필요 국가의 관계에 주목해야 합니다. 대표적인 식량 생산 국가들, 예를 들면 미국, 브라질, 캐나다, 아르

　　　　　　　　　　　　　　　　　　　　

헨티나, 러시아 등은 각 나라의 지리와 기후, 토양의 특성을 활용해 대량의 식량을 생산해요. 이 국가들은 최신의 농업 기술과 연구력, 농업 인프라를 갖추고 있어 세계의 식량 공급에 큰 비중을 차지하죠. 반면, 식량을 생산할 수 있는 양보다 필요량이 더 큰 국가들은 다양한 이유로 식량을 충분히 생산하지 못합니다. 아프리카 대륙의 여러 국가나 중동 일부 그리고 아시아의 몇몇 국가들은 농업에 불리한 기후, 토양 빈곤, 물 자원의 부족, 기술 부족 등 다양한 이유로 식량을 수입해야만 하거든요.

그래서 우리의 식량 문제를 알아보기 위해서는 식량자급률을 살펴볼 필요가 있습니다. 한 나라에 필요한 식량에서 다른 나라로부터 수입하는 비율을 제외하고 국내 생산이 차지하는 비율을 '식량자급률'이라고 합니다. 그런데 우리나라처럼 경제가 성장한 나라는 다양하고 가격이 싼 식량을 수입하는 것을 당연하게 여겨요. 그렇다 보니 식량을 모두 자체 생산하는 것보다 좋은 식량을 얼마나 용이하고 신속하게 수입하고 필요한 사람들에게 효과적으로 분배하는 것을 더 중요하게 생각합니다. 이 개념을 '식량안보지수'라고 합니다. 식량안보지수는 그 자체로는 단순한 숫자이지만 그 뒤에는 국가의 농업 기술, 자원 관리,

국제 무역 정책 등 많은 요소가 숨어 있습니다. 식량안보지수가 100%에 가깝다는 것은 그 국가가 자체적으로 식량을 생산 및 공급하는 데 성공하고 있음을 나타내요. 이는 자원의 효율적 활용, 발달된 농업 기술 및 전략, 안정적인 농업 생태계의 조합 그리고 국제 식량 정책과 무역의 성공을 의미합니다.

반대로 식량안보지수가 낮다는 것은 국제 식량 시장에 의존도가 높아서 외부의 영향으로 인해 식량 가격이나 공급에 불안정성이 생길 위험이 있다는 것을 뜻해요. 이런 국가들은 국제 식량 가격의 급격한 변동, 무역 분쟁, 기후 변화로 인한 생산 감소 등에 취약합니다. 따라서 식량안보지수는 단순한 숫자를 넘어서 국가의 농업, 경제 안보, 심지어는 국민의 건강과 안전에까지 연관되어 있다는 것을 알 수 있습니다.

     식량이 부족한 세상이 온다면

2 우리 삶에서 식량이 가지는 의미

우리는 주변에서 '식량'과 '식품'이라는 단어를 많이 듣습니다. TV 뉴스에서도 이 두 단어를 자주 사용하죠. 그런데 두 단어의 유사점과 차이점은 무엇일까요? 여러분은 구분할 수 있나요? 이번에는 이 두 개념의 정확한 의미와 차이점에 대해 알아보도록 하겠습니다.

식량은 사전적 의미로 '생명을 유지하는 데 필요한 음식물'이라는 뜻입니다. 간단히 말해, 우리의 생존을 위해 필요한 기본적인 음식을 말해요. 쌀, 밀, 옥수수와 같은 곡물이나 감자, 고구마 같은 뿌리채소들이 대표적인 식량입니다. 식량은 우리에게 필요한 에너지와 영양소를 제공하여 몸을 움직이고 생각하며 건강을 유지하는 데 필수적인 역할을 합니다.

더 좁은 의미에서 식량은 '식량작물'을 의미하는데요, 현재 우리나라에서는 식량이라는 단어가 훨씬 넓은 의미로 사용되고 있습니다. 우리에게 열량과 필수 영양분을 공급하는 '농식품' 모두가 식량으로서 활용될 수 있죠. 우리 몸에 필요한 '에너지 공급'을 해 줄 뿐만 아니라, '균형 잡힌 영양 공급'의 역할에서 더 나아가 '즐거움'까지 포함하는 의미로서 식량의 의미가 확대되고 있어요.

한편 식량이 생산자의 관점이나 국가 차원의 관리적 차이를 나타내는 용어라면, 식품은 소비자의 관점에 더 주목한 말이에요. 좁은 의미로는 농업 과정에서 생산된 재료를 가공이나 변형을 거쳐 만든 제품이지만, 넓은 의미로는 사실상 우리가 먹는 모든 제품을 가리킵니다. 요즘은 '농식품'이라는 단어도 즐겨 사용해요. 마트의 선반을 보면 인스턴트 라면, 초콜릿, 과자, 음료 등 다양한 가공식품이 진열되어 있죠. 원래의 식재료에서 맛이나 질감, 보존성을 개선하기 위해 다양한 과정을 거쳐 만들어진 제품들입니다. 또 식품은 우리 삶을 풍요롭게 만들어 주는 요소 중 하나입니다. 예를 들어, 초콜릿을 가공하면 초코바, 초코 케이크, 핫초코 등 다양한 제품으로 만들어져 우리의 입맛을 돋우고 삶의 질을 높여 주는 것처럼요.

그럼 본격적으로 '식량 위기'라는 개념을 잘 이해하려면, 아래 그림을 보고 어떤 생각이 드는지 생각해 보아야 합니다. 과거에는 '식량=쌀'이라는 생각에 갇혀 있었을 것 같아요. 아마 어른들 대부분은 그렇게 생각하고 있을 것입니다. 따라서 '쌀이 남으니 걱정없다'고 생각하는 분도 많아요. 그러나 앞에서도 말했듯이 우리는 쌀 이외에도 굉장히 많은 음식을 먹습니다.

그렇다면 오늘날 우리나라의 식량은 무엇이라고 볼 수 있

과거와 현재, '식량'을 떠올렸을 때 꼽게 되는 것들에 차이가 생겼습니다. 이제는 우리 생활에서 식량의 의미가 바뀐 것은 아닐까요?

을까요? 한 나라의 가장 중요한 식량이라 함은, '식량!'이라는 말을 들었을 때 우리가 생존에 가장 필요한 먹거리로 떠올린 대상일 것입니다. 그렇다면 여러분은 돼지고기 혹은 햄버거와 같은 가공식품이 가장 먼저 떠오를 것 같은데요. 저는 가공식품에 이어서 스마트폰을 꼽아 봤습니다. 왜냐하면 대부분의 사람들이 식량이 부족하다는 위기감을 '바로 음식을 주문할 수 없을 때'에 가장 크게 느낄 것이기 때문입니다. 실제로 많은 학자들은 식량 부족 문제를 식량 분배의 관점에서 더 중요하게 생각하기도 합니다. 그렇다면 식량 위기란 우리가 주로 먹는 농식품 전체와 그것을 주문하고 분배하는 모든 것에 관한 문제라고 생각해야겠죠.

인류와 함께 발달해 온 식량과 식품

그럼 우리는 언제부터 이렇게 다양한 식품을 먹었을까요? 과거의 인류는 어떤 식사를 했을지 한번 상상해 봅시다. 선사 시대, 사람들이 정착하지 않고 이동하며 생활했던 그 시절은 농업이 발달하기 전이었기 때문에 주로 나무의 열매나 뿌리, 그리고 사냥이나 낚시를 통해 얻은 동물들을 음식으로 활용했습니다. 이들은 하루하루 먹을 것을 찾기 위해 큰 노력을 기울였고 그 과정에서 자연의 선물들을 발견하게 되었죠. 그 결과, 그들은 주변의 환경과 자연에서 얻은 다양한 식품을 먹을 수 있었어요.

하지만 인류 문명의 발전과 함께 농업 기술이 발달하면서 사람들은 이동 생활을 점점 줄여 나갔어요. 일정한 장소에 정착하여 땅을 갈고 곡물을 심어 수확한 것을 주식으로 삼기 시작했습니다. 이 과정을 통해 곡물과 같은 식물이 인류의 주요 식량으로서 큰 역할을 하게 되었고, 이는 인류의 생활과 문화에 큰 변화를 가져왔어요. 우리는 이렇게 사람들에게 이용되는 식물을 '작물'이라고 부릅니다. 사람들은 더 안정적으로 식량을 확보할 수 있게 되었고, 이 덕분에 다른 문화나 기술, 예술 등 다양한 활동에 더 많은 시간과 노력을 기울일 수 있게 되었죠.

더불어 세계 각지의 문화와 지리적인 환경에 따라 선호하는 식량의 종류와 조리 방법도 다양해졌습니다. 예컨대 아시아 지역에서는 쌀과 같은 곡물이 주식으로 인기를 누리면서 이를 기반으로 한 음식 문화가 발전했어요. 반면 중동 지역이나 유럽에서는 밀이나 보리, 감자와 같은 식량이 주를 이루었고요. 이처럼 식량의 차이는 각 지역의 기후, 토양, 자원 등 여러 환경적 요소와 더불어 역사와 전통, 문화에 뿌리내려 있습니다.

또한 역사를 돌이켜보면 특정 시대나 문화에서는 오늘날 우리가 일상적으로 섭취하는 식품들이 굉장히 귀중한 자원으로 여겨지기도 했습니다. 고대 로마 시대에는 소금이 무척이나 중요한 자원이었고, 중국에서는 차가 단순한 음료 이상의 문화적, 사회적 가치를 지녔죠.

오늘날 우리가 누리는 다채로운 음식 문화와 식량의 다양성은 이렇듯 수천 년에 걸친 인류의 역사와 발전의 산물이라 할 수 있습니다. 또한 식량과 식품은 다양한 산업들과 연결되어 경제와 산업 발전에 중요한 역할을 하고 있습니다.

중요한 식량원인 '작물'의 다양한 역할

작물 산업의 중요성을 나타내는 '6F'라는 표현을 들어 본 적 있나요? 이는 'Food(식품), Feed(사료), Fertilizer(비료), Fiber(섬유), Fuel(연료), Functional(기능성)'의 각 첫 글자를 가져와 만든 것입니다. 각각의 요소는 우리 일상생활에서 꼭 필요한 것들이죠.

첫째, 작물 산업은 우리에게 음식을 제공하는 가장 기본적

작물 산업의 6F를 나타낸 그림.

인 역할을 합니다. 우리가 일상적으로 먹는 쌀이나 밀 같은 곡
물부터 과일, 채소에 이르기까지 다양한 음식들이 모두 작물 산
업에서 시작됩니다. 둘째, 돼지, 소, 닭과 같은 가축을 기르는 데
필요한 사료도 작물 산업의 중요한 부분입니다. 사료는 그들에
게 필요한 영양을 공급하며, 그 결과로 우리가 먹는 고기나 달
걀 등의 제품이 생산되죠. 셋째, 좋은 품질의 농작물을 얻기 위

해서는 비옥한 토양이 필요합니다. 비료는 토양의 영양분을 보충해서 작물이 건강하게 성장할 수 있도록 도와줍니다. 넷째, 작물 산업은 음식을 생산하는 것 뿐 아니라 우리가 입는 옷을 생산하는 데도 매우 중요합니다. 면이나 아마 등의 식물에서 추출한 섬유는 다양한 옷이나 직물 제품의 원료가 돼요. 다섯째, 작물 산업은 환경 친화적인 연료를 만드는 데도 중요한 역할을 합니다. 옥수수나 사탕수수를 재료로 만든 바이오 연료는 환경 오염을 줄이는 친환경 연료로 사용되곤 해요. 마지막으로, 건강에 좋다는 기능성 식의약 산업도 작물 산업에 포함됩니다. 홍삼이나 오메가-3 같은 건강에 도움을 주는 성분을 가진 식품들은 많은 사람에게 사랑받고 있어요.

위에서 말한 대로 우리가 일상적으로 섭취하는 다양한 음식들의 원료는 대부분 식량작물에서 시작됩니다. 식량작물은 인간의 직접적인 영양 공급을 목적으로 재배되며 쌀, 밀, 옥수수와 같은 곡물들이 대표적인 예입니다. 인간은 수천 년의 세월 동안 식량작물과 함께 살아오며 재배 방법과 사용 방식을 발전시켰고, 각 지역의 특정한 기후, 토양 및 문화적 특성에 따라 어떤 작물을 길러서 어떻게 이용할지가 결정되었어요. 습한 기후와 물이 풍부한 환경을 가진 아시아에서는 쌀이 주요 식량으로 자리 잡았으며, 반대로 건조하고 넓은 평야를 가진 유럽에서는 밀이 중심적인 역할을 해 왔지요. 기근과 가뭄이 자주 발생하는 아프리카 대륙에서는 옥수수, 수수, 카사바 등의 재배가 활발히 이루어졌고요.

곡물은 사람이 먹기도 하지만 가축을 먹이기 위한 사료로도 사용됩니다. 그래서 식량작물은 간접적으로도 인간의 식량 공급에 핵심적인 역할을 하고 있습니다. 사료작물로써 재배되는 대표적인 식물에는 옥수수, 보리, 콩 등이 있는데 이들은 육류, 알, 우유 등 동물성 식품의 생산에 필수적이에요. 동물성 식품의 품질과 수량은 동물들이 먹는 사료의 품질에 크게 영향을 받기 때문에 사료작물의 연구와 발전은 식량 안정성을 위한 중요한 과제입니다.

더불어 식량과 사료작물의 연구가 그저 생산량과 품질에만 집중하는 것은 아니에요. 환경적 지속 가능성, 생물 다양성의 보존, 토양의 건강과 물 자원 관리 등의 측면에서도 그 중요성이 강조되고 있지요.

결론적으로 식량작물과 사료작물은 인간의 역사 속에서 식생활, 문화, 경제 그리고 환경에까지 깊은 영향을 미치고 있습니다. 이에 대한 올바른 이해와 관리는 지속 가능한 미래를 위한 필수적인 조건이며, 이를 통해 우리는 더 나은 내일을 기대할 수 있답니다.

3 더 먹어도 될까?
덜 먹어야 할까?

식량 산업이 현재 마주하고 있는 가장 큰 과제는 세계 인구의 증가입니다. 21세기 들어서 인구 증가 속도가 이전보다는 느려졌지만, 여전히 많은 수의 인구가 늘어나고 있는 만큼 식량이 모자라지 않을까 걱정하고 있죠. 농업과 식품 산업은 늘어나는 수요에 대응하기 위해 다양한 방법을 찾고 있습니다.

하지만 인구수가 늘어나는 것이 식량 문제의 유일한 원인이라고는 할 수 없습니다. 인구의 구조적 변화, 즉 고령화가 각 국가의 식량 수요 패턴에 큰 영향을 미치고 있어요. 고령화는 단순히 노령 인구의 증가를 의미하는 것이 아니라 그로 인한 사회적, 경제적 변화의 전반을 포함하는 개념이에요. 고령 인구가 증가하면서 그들의 식생활 패턴과 영양소 필요량, 건강에 대한 인식 등이 식량 수요에 영향을 미칩니다.

일반적으로 소화 기능이 약해지는 고령 인구는 소화하기 쉽고 영양분이 풍부한 식품을 선호해요. 또한 여러가지 건강 문제 때문에 특정 식품을 피하거나 각종 영양 보충제와 건강식품을 추가로 먹곤 하죠. 이러한 흐름은 식품 산업에 새로운 시장을 제공하고, 기업들은 이를 기회로 삼아 다양한 제품 개발과 마케팅 전략을 세웁니다.

또한 급격한 도시화와 도시 인구의 증가도 식량 산업에 영향을 줍니다. 도시화가 되면서 농지가 줄어들어 식량을 생산하는 데 어려움이 생기거든요. 도시에서는 식품에 대한 수요가 높지만 작물을 직접 생산하기 어려운 탓에 다른 지역으로부터 식량을 공급받기 위한 물류와 유통 시스템이 필요합니다. 이로 인해 도시화의 양상 역시 식량 산업의 유통과 관련해서 변화하고 있으며, 미래에는 도시 주변에서 이루어지는 식량 생산이 더 중요해질 예정이에요.

이러한 이유들로 인구 구조의 변화를 고려하여 다양한 식량 공급 전략과 식품 생산 방법을 개발하고 식량 다양성과 안전성을 확보하는 것도 식량 산업의 중요한 과제 중 하나입니다.

식량 산업과 인구 구조, 도시화, 경제 발전, 기후 변화와의 관계

그런데 인구 구조와 경제 발전 단계는 서로 밀접한 관련이 있습니다. 경제가 성장하면서 인구 구조가 변화하고, 또한 인구 구조의 변화는 경제에 영향을 미치죠. 경제가 성장할수록 소득이 증가하고 식품에 대한 다양한 요구가 증가하는 상황을 예로 들어 볼게요. 당연히 식량 산업은 다양한 식품과 서비스를 제공하여 이러한 요구들을 충족시키려고 노력합니다. 우리의 음식과 경제에 큰 영향을 미치는 이러한 관계는 식량 산업이 인구 구조와 경제 발전에 어떻게 반응하는지를 이해하는 데 중요한 역할을 합니다. 그럼 경제 발전 단계별로 식량이 어떤 의미를 갖는지 간단히 살펴볼까요?

* 초기 발전 단계: 식량 확보의 중요성

먼저 국가가 발전 초기 단계일 때는 인구가 빠르게 늘어나면서 식량 부족 문제를 처음 마주하게 됩니다. 그래서 이 단계에서는

식량을 많이 생산하고 확보하는 게 가장 중요해요. 주로 곡물과 같은 식량작물을 키우고 작물의 수확량을 늘리는 방법과 저장 및 배포 방법을 개선하는 것이 우선이에요. 농업 기술을 개선해 농부들이 효율적으로 작물을 재배하고 수확할 수 있도록 식량 정책을 세우게 됩니다.

*** 중간 발전 단계: 품질과 다양성에 관한 관심**

경제가 중간 단계로 발전하면 사람들은 다양한 음식을 먹고 싶어 합니다. 그래서 여러 종류의 고기, 유제품, 신선한 과일과 채소 같은 음식에 대한 열망이 커져요. 이때는 음식의 품질과 다양성을 중요하게 생각하며 식품 안전성에 관해서도 관심을 가지게 됩니다.

*** 후반 발전 단계: 환경 보호와 지속 가능성**

경제가 성숙한 단계에 이르면 환경 보호와 지속 가능성이 더 중요해집니다. 농업과 어업을 하다 보면 땅이 손상되거나 물 낭비, 환경 오염 등의 문제가 생겨요. 그래서 환경을 보호하고 지속 가능한 농업을 위한 여러 가지 방법들이 농업에 적용됩니다.

이러한 노력은 환경을 지키면서 농촌 지역을 발전시키고 지속 가능한 식량 생산을 할 수 있게 하여 식량 산업이 계속 발전하고 나아갈 수 있게 합니다.

그래서 선진국으로 갈수록 지속 가능한 농업에 대한 고민을 더 많이 하게 됩니다. 식량을 만들어 내는 것은 대규모 토지와 물, 에너지 자원을 소비하기 때문에 환경에 미치는 영향을 반드시 생각해야 해요. 더 많은 식량을 생산하기 위해 숲을 없애거나 물을 과도하게 사용하고 가축을 키울 때 발생하는 분뇨나 온실가스로 환경이 파괴될 수 있지요. 또 농약 및 비료를 과다하게 사용하면 환경 오염이 일어나 생태계가 무너질 수도 있습니다. 이 같은 측면에서 친환경 농업 및 지속 가능한 방식의 농업은 화학 물질의 사용을 줄여 환경 오염을 최소화하는 데 도움을 줍니다. 또한 토지 보호 및 물 자원 관리 등의 조치를 통해 농업 활동과 환경 보전을 균형 있게 조화시킬 수 있지요.

이렇듯 농업과 환경은 서로 밀접하게 연결되어 있으며, 지속 가능한 농업을 추구하는 것은 결국 지구 생태계를 보전하는 것과 밀접한 관련이 있습니다. 지구의 한 지역에서 발생한 환경

문제가 다른 지역과 글로벌 식량 공급에도 영향을 미칠 수 있기 때문이죠. 그래서 여러 국가들은 여러분과 같은 미래 세대도 식량을 안정적으로 생산하고 지구 환경을 지킬 수 있도록 국제적으로 협력하고 노력하고 있습니다.

기후 변화 역시 농업에 큰 영향을 미칩니다. 폭염이나 가뭄 또는 강우량의 급격한 증가와 같은 극심한 기상 조건의 변화는 농작물에 심각한 피해를 줄 수 있어요. 농작물은 기후 조건에 민감하게 반응하기 때문에 예상치 못한 기후 변화의 영향으로 수확량이 심각하게 감소할 수 있는 거지요. 예를 들자면 긴 가뭄은 물 부족으로 작물이 제대로 자라지 못하게 하고, 여름철 강한 더위로 인해 식물이 타 죽을 수도 있습니다. 또한 갑작스러운 폭우나 홍수가 오면 식물이 숨을 쉬지 못하거나 해충과 질병으로 큰 피해를 입기도 해요.

식량은 모두에게 공정하게 분배될까?

그래도 다행인 것은 세계화와 무역의 발달 덕분에 식량이 부족한 나라에서도 쉽게 다른 나라에서 식량을 수입할 수 있게 되었다는 점입니다. 그런데 이를 반대로 생각해 보면, 어떤 나라들

　　　　　　　　　　　　　　　　　식량이 부족한 세상이 온다면

은 식품 수입에 많이 의존할 가능성이 더욱 커진다는 것을 의미합니다. 만일 국제 무역이 어떤 이유로든 중단된다면 어떻게 될까요? 엄청난 혼란이 발생하겠죠? 실제로 우리는 코로나19 바이러스와 러시아우크라이나 전쟁으로 인해 세계 곡물 가격이 크게 상승한 것을 경험했습니다. 그래서 누구든지 공정하게 식량 자원에 접근할 수 있는 권리를 보장하는 것은 세계 식량 안보를 고려할 때 중요한 사항 중 하나입니다.

현재 전 세계적으로 식량 생산량이 식량 수요량을 어느 정도 채워 주고 있지만, 공정하지 못한 분배로 인해 여전히 많은

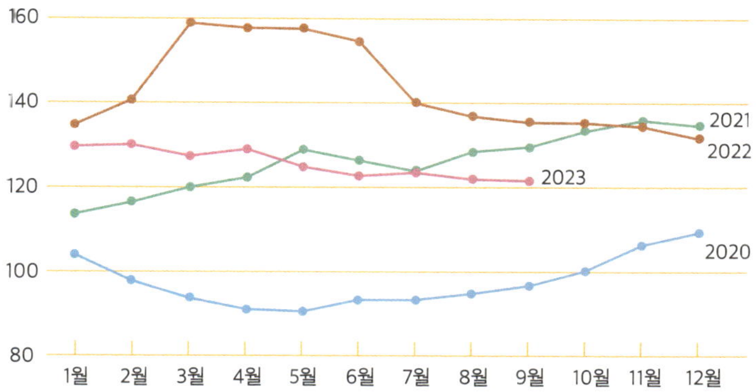

2020~2023년간의 세계 식량가격지수로, 2023년의 지수는 2020년 이후로 가장 낮은 레벨을 보일 만큼 떨어졌다는 것을 알 수 있습니다. 세계 식량가격지수는 2014~2016년의 식량 가격을 100으로 정했을 때 상대적으로 계산한 값을 나타냅니다(출처: 농식품부 · FAO).

지역에서 기아와 영양 불균형 문제가 일어나고 있어요. 이런 불균형은 불완전한 인프라, 정치적 불안정, 경제적 격차와 같은 요인들 때문에 나타나는데, 앞에서 이야기했던 기후 변화와 환경 오염, 지역적 충돌 및 전쟁과 같은 다양한 이유가 겹치면 더욱 심각해질 수 있습니다. 어떤 지역에서는 사람들이 매일 배고픔에 시달리고 있지만, 또 다른 지역에서는 비효율적인 공급망과 적절한 저장 시설이 없다는 이유로 식량이 낭비되기도 하지요. 아프리카의 일부 개발도상국에서는 빈곤과 불평등으로 많은 사람이 굶주리고 있지만, 우리나라를 포함한 여러 선진국에서는 음식물 쓰레기가 처치 곤란이 되고 있다는 것을 생각하면 쉽게 와닿을 거예요.

모든 사람은 살기 위해 음식이 필요한 것이 분명한데, 왜 이런 차이가 생겨나는 걸까요? 여러분은 우리가 먹는 음식에 관한 결정을 누가 내리는지, 혹은 전 세계의 모든 사람들이 충분한 음식을 확보하고 있는지에 대해 생각해 본 적이 있나요? 그러려면 '식량민주주의'와 '식량인권주의'라는 개념을 알아야 합니다. 식량민주주의와 식량인권주의는 식량에 대한 권리와 사회적 공정성을 강조하는 원칙이에요. 식량인권주의는 '경제적,

사회적 및 문화적 권리에 관한 국제 규약'에 나와 있으며, 지구 상의 모든 사람이 식량에 대한 권리를 가지고 있고 이는 보호받고 존중받을 수 있음을 강조합니다. 사람들은 존엄하게 자신을 먹여 살릴 권리가 있으며 이를 위해 충분한 식량이 확보되고, 이에 접근할 수 있는 수단이 있으며, 개인의 영양 요구를 충족

시키는 것을 의미합니다.

　조금 더 구체적으로 보면 우리는 다양한 종류의 식품에 접근할 수 있어야 하고, 유해한 화학 물질이나 세균으로부터 자유로운 안전한 식품을 먹을 수 있어야 하며, 우리의 음식이 어디에서 왔고 어떻게 생산되었는지 알 권리가 있다는 것이지요.

　이러한 원칙들은 인간의 기본적인 권리를 존중하고 사회적 공정성을 유지하는 데 중요한 역할을 합니다. 식량민주주의와 식량인권주의는 식량 문제를 다루는 정책 및 제도의 기반이 되며, 모든 사람이 안전하고 영양가 있는 음식을 얻을 수 있는 사회적 환경을 조성하는 데 도움이 되고 있습니다. 식량에 대한 권리와 책임을 강조하여 지구상의 모든 사람이 적절하고 안전하게 식량을 얻을 수 있도록 보장하는 것에 기여하고 있지요.

식량은 결국 부족해질까?

2

1 '식량 위기'가 대체 뭔데?

우선 식량 위기가 과연 무엇인지, 어떤 의미인지에 대해 좀 더 생각해 볼까요?

쉬운 질문부터 해 볼게요. 식량이 부족하면 식량 위기가 올까요? 아닙니다. '콩 반쪽이라도 나누어 먹는다'라는 말이 있듯이, 식량이 부족하더라도 사람들이 신체적인 어려움이 없는 선에서 최소한으로 소비량을 줄이면 됩니다. 식량 위기를 언급할 상황이라면 '굉장히' 부족해야 하는데, 쌀의 예를 들어 보면 0.5% 부족한 정도로 그런 일이 생길 것 같지는 않습니다.

그렇다면 다른 방향에서 이야기해 보지요. 여러분은 '식량' 하면 무엇이 떠오르나요? 부모님께 여쭤 보면 아마도 벼와 쌀

을, 그리고 김치와 고기를 말할 것 같습니다. 그런데 여러분은 그와는 다를 것 같아요. 왜냐하면 식생활이 많이 바뀌었기 때문이죠. 2022년 기준 우리나라의 1인당 쌀 소비량은 10년 전과 비교하더라도 15.6%가 줄어든 56.7kg이라고 합니다. 50년 전인 1970년대에는 120kg이 넘었을 것이라고 하니, 당시에는 거의 두 배를 먹었던 셈입니다. 요즘은 고기나 패스트푸드, 서양식을 더 많이 먹죠. 그래서 쌀값이 오르는 것보다 햄버거 값이 비싸지는 것을 더 예민하게 생각할 것 같습니다.

그렇다 보니 앞으로 식량의 절대적인 양에 대한 고민은 선진국보다는 개발도상국의 문제가 될 확률이 높겠지만, 우리나라는 일본과 더불어 선진 자본주의 경제 체계를 가졌으면서도 식량을 충분하게 생산 또는 공급하지 못하는 몇 안 되는 나라 중 하나인 것도 사실이에요. 그나마 쌀은 80~90% 정도의 자급률을 확보하고 있지만 여러분이 좋아하는 햄버거 속 패티를 만들려면 고기가 필요하죠. 육식을 위해서는 축산업이 발달해야 하고, 축산업에 필요한 동물들의 사료로 많이 이용되고 있는 밀, 옥수수, 콩은 거의 다 수입하고 있다고 해도 과언이 아닙니다. 우리나라는 중요 식량인 '곡물'의 자급률이 20% 내외에 불

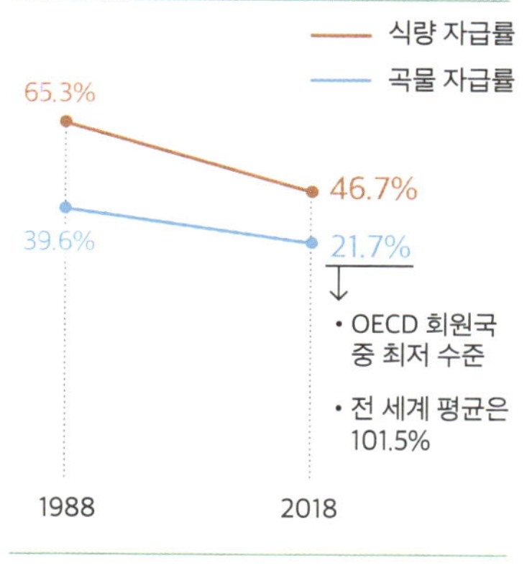

*식량 자급률: 가축 사료용 원재료 곡물을 제외한 주식용 곡물

*곡물 자급률: 가축 사료용 곡물까지 포함

*출처: 농림축산식품부, 「농림축산식품 주요 통계」, 2018년

우리나라의 식량 자급률은 계속해서 감소하고 있습니다.

과한' 선진국이에요.

달라진 우리의 식생활

이렇게 된 것은 우리의 식생활이 크게 바뀌었기 때문입니다. 밥과 반찬의 전통적인 식단(주로 김치와 국, 장으로 이루어진)이 단일 식품 또는 코스형으로 된 육류와 샐러드, 열대 과일 그리고 디저트(단짠단짠 간식) 등으로 대다수 대체되었으니까요. 우리나라의 경제가 발전함에 따라 소득이 증가하니 당연한 상황이지요.

전통적인 식재료 소비가 줄어들다보니 현재 농업 종사자는 국민의 4.2%, 어업 종사자 역시 3.9% 정도라고 하는데, 두 가지 모두에 종사하는 사람들도 있으니 많아도 8%가 되지 않습니다. 식량을 생산하는 국민의 비율이 낮아졌고 식량을 생산하는 사람들의 연령은 아주 높아졌지요. 태어나는 아이들보다 세상을 떠나는 노인들이 더 많아졌고, 농어촌의 인구는 계속 줄어드는 상황이에요.

쌀이 주가 되는 전통적인 식단에서 식재료로 쓰이던 배추, 무, 고추, 파, 마늘 등 모든 채소와 양념류의 소비량 또한 모두 감소하고 있습니다. 반면에 고기가 주가 되는 식단에 잘 어울리는 빵, 샐러드 채소, 주스용 과일, 열대 과일, 허브 등의 소비량은 계속 늘고 있지요.

한마디로 우리나라는 쌀과 어울리는 식재료들로 주를 이룬 국내 농업 생산물에 의해 약 40%의 식량 자급률이 지켜지고 있으며, 60%가량을 수입하여 식품의 다양화를 추구하고 있다고 보면 돼요. 다시 말해, 식량 위기는 단순히 '쌀이 부족하다'는 말이 절대로 아닙니다. 바뀐 식문화 속에서 우리가 먹는 모든 식재료의 총합을 고려해서 봐야 하는 개념이지요.

식량 자급이 중요한 이유

그렇다면 수입하지 말고 모두 우리나라에서 생산할 수는 없을까요? 각자 먹는 양의 채소나 허브 정도라면 스마트팜이나 수직 농업, 근교 텃밭 등에서 간단한 노동과 시스템만으로도 상당 부분 공급이 가능할 것 같은데요. 그러나 이런 방식의 재배가 가능한 작물은 아직 몇 가지 안 되고, 작물과 가축을 키우는 데 필요한 전문 기술을 개발하거나 숙련하기가 쉽지 않아요.

벼만 봐도 그렇습니다. 쌀값은 1993년에 한 가마니(80kg)가 10만 원을 돌파한 이후, 현재까지도 18만 원 정도에 머물러 있어요. 30년이 지나도 두 배가 되지 않은 것이죠. 쌀은 아무리 가난한 사람이라도 먹어야 하는 필수 양식입니다. 따라서 정부가 직접 사 줘서라도 낮은 가격을 유지하려고 해요. 농민들이 쌀을 생산하여 돈을 벌 수 있는 이유는 정부가 안정적인 식량 가격을 유지하기 위하여 기술 개발, 종자 개발과 보급 그리고 농민 교육 및 쌀을 사 주는 것까지 모두 관리하기 때문입니다. 1970년대에 생산성이 높은 벼 품종인 '통일'이 개발되고 생산량을 높이기 위하여 농약과 비료 등을 대량 생산하고 공급하면서, 농기계를 대량 공급하고 토지 이용 효율을 함께 높인 덕분이지요.

이렇게 넓은 토지에서 직접 길러야 하는 곡물이나 과일나무(과수) 등을 재배하는 경우, 토지 비용과 정책, 외국 수입 농산물과의 경쟁 등 많은 부분을 고려했을 때 우리나라 농업은 매우 불리한 상황입니다. 농촌은 고령화되었고 농민의 수 또한 매우 적은데다, 국제적으로 곡물의 가격은 낮고 우리나라 땅값은 너무 비싸거든요. 식량 자급률을 높이려는 많은 시도가 있었지만 50% 수준으로 끌어올리는 것도 쉽지 않으며, 결국 많은 양의 농식품 및 소재를 수입하는 것을 고려해야 하는 상황입니다. 그래서 우리나라에 생길 수 있는 식량 위기에 대비하기 위해서는 국제 사회의 움직임을 잘 이해하고 적극 동참하여 여러 나라와 좋은 관계를 형성해야 해요.

이러한 노력으로 아프리카 세네갈에 적합한 '이스리'라는 품종을 개발한 사례가 있어요. 우리나라는 1970년대에 세계적인 '녹색 혁명' 열풍을 선도한 경험이 있는 나라예요. 그 경험을 세계 여러 나라에 전수함으로써 다른 국가도 스스로 식량 생산을 할 수 있도록 돕는 국제적 영향력을 강화할 수 있지요. 그러

   식량이 부족한 세상이 온다면

다 보면 세계 각국에 우리나라의 식량 공급과 관련된 채널을 다양하게 만들어 나갈 수 있을 것입니다.

그런데 만약 세계적인 식량 부족 상황이 되었을 때 각 나라들이 친화적으로 식량을 나눠주거나, 싸게 팔까요? 아마도 그렇지 않을 거예요. 우리나라가 가장 친하게 지내는 나라는 역시 미국입니다. 1980년 여름, 오호츠크해 고기압과 화산 폭발에 의한 먼지 등의 영향을 받은 매우 서늘한 날씨에 당시 우리나라 쌀 생산량은 형편없이 떨어졌습니다. 정말 '식량 대란'이 온 것이죠. 그때 미국은 우리나라에 쌀을 팔았지만 시세의 3~5배에 달하는 가격이었고, 장기간 의무로 수입하는 조건까지 내걸었어요. 때문에 이후 거의 10년간 쌀이 남아 골칫거리가 되었지요.

또한 식량은 에너지나 군사 무기와 같이 각 국가의 직접적인 생존 전략과 관련되어 있습니다. 현재 세계는 갑작스러운 큰 변화를 겪고 있어요. 러시아우크라이나 전쟁이 일어나면서 우크라이나산 밀가루와 해바라기씨유 같은 자원이 제대로 공급되지 않아 세계적인 식량 위기가 일어났지요. 이에 더해 각 국가가 새로운 연합으로 재편되고 있습니다. 영원한 친구도, 적도 없는 상황이 되어 가고 있어요. 2023년에는 인도와 인도네시아를 포함한 많은 나라들이 자국의 식량을 수출하지 않기로 결정했습니다. 그런데다 중국의 경우 엄청난 양의 식량을 수입할 것으로 예상되어 우리나라가 식량을 안정적으로 수입할 수 있을지도 불확실하죠.

한마디로, 식량은 충분히 무기화될 수 있습니다. 그리고 식량을 생산하기 위한 그 어떤 것도 무기화될 수 있습니다.

식량안보지수 높이기

'세계식량안보지수(Global Food Security Index, GFSI)'라고 들어 보았나요? 〈이코노미스트〉라는 유명 경제 잡지의 EUI(Economist Intelligence Unit)라는 부서에서 매년 발표하는 지표인데, 세계 각국의 식량 안보 수준을 평가하는 데 사용됩니다.

식량안보지수는 '식량 자급'의 수준에 머물러 있는 식량에 대한 우리의 인식을 바꾸어 생각하게 합니다. 왜냐하면 이 지수는 다양한 요소를 종합적으로 고려할 수 있기 때문이에요. 식량의 구입 능력, 식량의 안정적 생산과 공급, 국민 개개인이 식량에 접근하고 이용할 수 있는 능력을 따로따로 보기 때문입니다. 이를 통하여 식량의 공급 능력과 안정성을 평가하게 됩니다.

'식량 안보'와 비슷한 말로 '식량 주권'을 생각해 볼 수 있습
니다. 그런데 많은 사람이 이 두 개념을 헷갈려서 잘못 사용하
는데요. '식량 주권'은 한 나라가 자체적으로 충분한 양의 식량
을 생산하고 공급함으로써 자급자족할 수 있는 상태를 말합니
다. 2021년의 세계식량안보지수 그래프에서 우리나라의 식량
안보지수를 보면 안타깝게도 선진국의 모임이라고 할 수 있는
OECD(경제협력개발기구)에 속한 나라 중에서 최하위 그룹에 들

2021년 세계식량안보지수

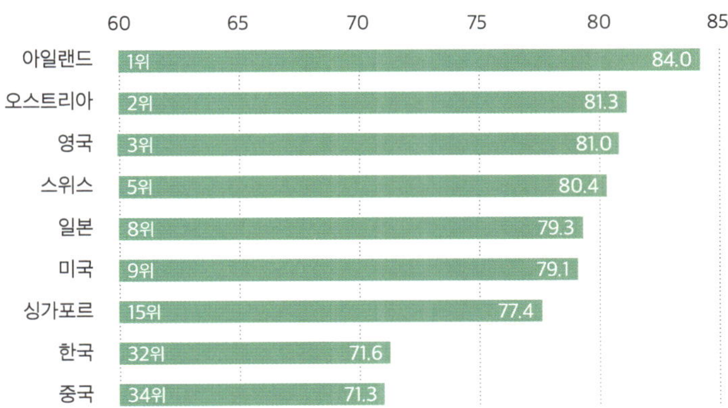

우리나라는 세계식량안보지수가 낮은 나라에 속해요. 식량 자급에만 초점을 맞추기보다
위기 상황에서 실질적으로 국민 각자가 차별 없이 영양을 공급받을 수 있는 체계가 되어야
합니다 (출처: 〈이코노미스트〉).

어가 있어요.

　　우리나라는 사실 식량 구매 능력 자체에는 거의 문제가 없습니다. 그런데 식량안보지수의 점수가 낮은 이유는 자체적으로 다양한 식량을 생산하고 공급하는 능력이 부족하고, 또 국민 각 계층이 건강하고 충분한 영양을 공급받지 못한다는 점 때문입니다. 다시 말해, 식량 자급뿐만 아니라 우리나라에서 살림이 어려운 빈곤층이 식량 가격이 올라갔을 때 끼니를 굶지 않을 수 있는지 등등의 요소까지 고려해야 한다는 것이죠.

　　식량 위기 상태의 아프리카 국가들은 엥겔지수(전체 소비 금액 중에서 농식품이 차지하는 비중)가 40~60% 정도인데, 우리나라의 소득 1분위(사람들을 소득에 따라 10개로 나누었을 때 가장 낮은 소득을 받는 사람들)의 엥겔지수가 그와 비슷한 40.6%라고 합니다. 이 인구가 전체 인구의 10%인 셈이니, 식량이 부족할 때 농식품 가격이 폭등하면 안전하지 않은 범위에 있는 사람들의 숫자가 생각보다 크다는 것을 예측할 수 있어요. 이는 모든 사람이 식량 위기에서 똑같은 영향을 받는 것이 아니라는 말이기도 해요. 우리나라의 식량안보지수가 낮다는 것은 이런 부분에서 개선해야 할 점이 많다는 것을 의미하며, 이는 곧 농식품 물가가 올

라갈 때 국민 갈등의 요소 또는 사회가 불안정해지는 요인이 되

기도 합니다.

2 기후 변화는 식량에 어떤 영향을 줄까?

앞에서 식량 위기의 주요한 원인 중 하나로 기후 변화를 들었습니다. 그럼 날씨가 너무 덥거나 추워야만 이상 기후인 걸까요? 우선 식량 생산에 영향을 주는 날씨와 기후에 대해 살짝 알아볼게요.

날씨와 기후

2020년 4월, 한창 코로나19 바이러스로 고생하던 때였지요. 봄이 되었는데 아침 기온이 영하로 떨어질 때도 있었습니다. 농민들은 모종(어린 작물)이 얼어 죽어 낭패를 보았고, 사람들은 정리했던 겨울옷을 다시 꺼내 입으며 조금은 혼란스러운 봄맞이를 겪었어요.

기후와 날씨를 혼동하여 지구의 기온이 상승하고 있다는데도 종종 나타나는 추운 날씨를 의아하게 생각하는 사람들이 있어요. 날씨는 그때그때의 대기 상태를 말하는 것이고, 기후는 어떤 일정 기간에 나타나는 날씨 특성의 평균이라고 정의할 수 있습니다.

만약 1980년대와 1990년대의 기온을 비교하면, 각 10년 중 어느 일정한 시점의 평균값을 구하여 비교하므로, 그 차이를 통해 기온이 상승했는지를 알 수 있지요. 하지만 평균값이 높아도 가장 작은 값이 다른 구간의 값보다 더 작을 수도 있어요. 실제로 기후 변화는 평균 기온은 상승하면서도, 최고 최저 기온의 차가 더욱 커지는 특성을 함께 보입니다.

유엔기후변화협약(UNFCCC)은 기후 변화에 대해 이렇게 설명했습니다. 좀 어렵지만 정확하게 아는 것도 나쁘지 않겠지요? '직간접적으로 전체 대기 성분을 바꾸는 인간 활동에 의한, 비교할 수 있는 시간 동안 관측된 자연적 기후 변동을 포함한 기후의 변화'라고 설명합니다.

이 설명은 기후 변화가 ① 날씨가 아닌 기후의 변화라는 점,

② 인간의 활동과 자연의 활동을 모두 포함한다는 점, ③ 비교할 수 있는 시간 동안 관측을 통하여 설명된다는 점, ④ 대기의 성분 변화에 의한다는 점, ⑤ 특히 직간접적인 인간 활동에 의한 결과로 대기의 성분이 변화된다는 점을 포함하고 있습니다.

그럼 이제 날씨와 기후의 차이를 잘 알겠지요? 단순히 날씨가 좀 추워졌거나 더워졌다고 해서 기후 변화가 사실이 아니라고 말할 수 없다는 것을 말이에요.

온실가스로 인한 기온 상승이 식량에 미치는 영향

2015년, 세계 각국은 온실가스 감축을 통하여 지구 평균 기온의 상승 폭을 섭씨 2도보다 낮은 수준을 유지하기로 협약을 체결했습니다. 1988년에 설립된 '기후 변화에 관한 정부 간 협의체(IPCC)'라는 조직인데요, 기후 변화에 대한 진단 평가 보고서와 특별 보고서를 꾸준히 내고 있습니다.

IPCC는 2007년에 4차 보고서를 통해 "인류의 활동으로 발생한 지구 온실가스 배출량은 산업화 이전부터 증가해 왔으며, 1974년부터 2004년 사이에 70%나 증가했다"는 사실을 알리며 그해 노벨평화상을 수상했어요. 이후 2014년의 5차 보고서와

2023년의 6차 보고서를 통해 기온 상승의 주된 이유가 인간의 활동이라고 결론지었지요.

그럼 기후 변화는 식량 생산에 어떤 영향을 미칠까요? 식량은 우리에게 필요한 에너지와 영양분을 공급해 주는 동식물을 의미하죠. 당연하게도 생물은 자연환경의 변화에 민감하므로 기후 변화는 식량 생산에도 큰 영향을 미칩니다.

우리 생활에서 먹거리, 식량이 식탁에 도달하기까지의 과정은 간단히 설명할 수 없을 정도로 복잡해요. 식량은 농축수산

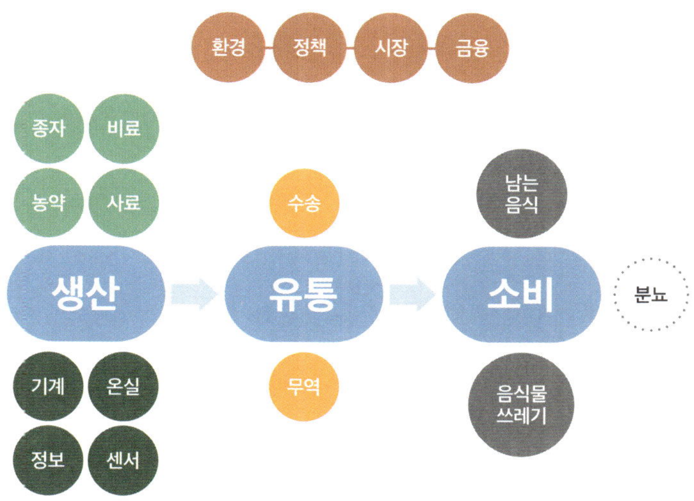

식량이 생산되어 우리의 식탁에 도달하기까지 많은 요소가 관여하고 있고, 이 모든 요소에 기후 변화와 인간의 활동이 관련되어 있어요.

업의 산업 영역에서 담당하지만 실제로는 제조업과 서비스업을 포함해 다양한 산업과 연계되어 있습니다. 또 이 모든 과정은 다름 아닌 인간의 활동이며, 기후 변화의 주원인인 온실가스 발생과 관련되어 있어요.

기후 변화로 생긴 식량 산업의 문제 상황에 대한 대처 방안으로 두 가지를 생각할 수 있습니다. 기후 변화의 원인이 되는 온실가스를 줄이고 이를 제거하는 방식과, 기후 변화로 인해 불리해진 환경에서 동식물이 적응하여 생장하고 발육하도록 돕는 방식이 그것이죠.

우리나라의 식량은 기후 변화에서 안전할까?

그렇다면 우리나라는 어떨까요? 앞서 말했듯 우리나라는 주요 식량인 곡물의 자급률이 매우 낮습니다(2021년 기준 18.5%). 우리나라 식품 대부분의 열량은 쌀을 비롯한 곡물과 곡물을 먹여서 기른 가축으로 얻는 육류이기 때문에, 곡물 자급률 수치는 곧 우리나라의 먹거리 대부분이 외국에서 오고 있다는 것을 설명해 줍니다.

따라서 우리나라 식량에 대한 기후 변화의 효과를 설명하

 식량이 부족한 세상이 온다면

려면 40% 정도에 해당하는 자체 생산 식량과 60%에 해당하는 외국 수입 식량을 생각해야 해요. 우리나라 농업은 1.8%로 전체 GDP에서 작은 비중을 차지해요. 그렇다 보니 사람들은 식량을 생산하는 농업과 기후 변화의 상관관계를 과소평가하는 경향이 있습니다.

그러나 우리나라의 엥겔지수는 12.8%로, 무시할 수 없는 수준입니다. 따라서 농식품을 외국에서 수입하고 유통하는 데 들어가는 전반적인 수송과 무역 과정, 소비 과정에서 발생하는 비효율적인 소비(예를 들면 과도한 유통기한 규제)와 음식물 쓰레기 처리 등도 기후 변화의 관점에서 바라봐야 할 것입니다. 심지어 우리가 음식을 먹고 만들어 낸 '분뇨'도 고려해야겠죠?

기후 변화로 기온이 상승하면 우리나라 먹거리에 어떤 영향을 미칠까요? 농촌진흥청 자료에서 가장 비관적인 예측 시나리오인 RCP 8.5(현재 추세대로 온실가스를 배출하는 것으로, 2100년에 배출량이 940ppm이 된다는 가정)에 따르면, 우리나라 쌀 생산량은 473kg(1990년대)에서 283kg(2100년)으로 약 절반까지 뚝 떨어지게 된다고 합니다. 다시 말해 아무것도 하지 않으면 우리나라 국민에게 필요한 총에너지의 30% 내외를 담당하는 쌀이 절반

RCP8.5 시나리오에 따른 쌀 생산성 미래 예측

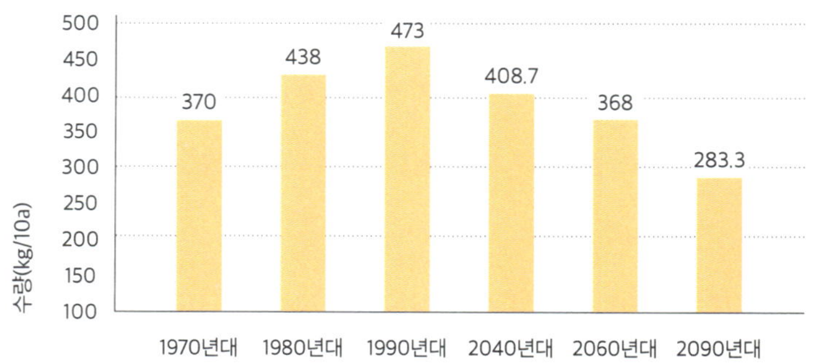

주요 작물의 재배지 변화

기후 변화에 따라 농식품의 생산성이 떨어지고, 주요 작물의 최적 생산지가 급격하게 이동할 것입니다(출처: 농촌진흥청).

으로 줄어든다는 것이죠. 돼지나 닭과 같은 가축들도 고온에 방치되면 체중이 줄거나 임신 가능성이 절반 가까이 떨어진다는 등의 보고가 있습니다. 벼도 지표면 온도가 1도 올라갈 때마다 생산량이 10%씩 줄어든다고 알려져 있습니다(Peng 박사, 국제벼 연구소).

이외에도 주요 작물의 생산지가 바뀔 거예요. 생산지가 바뀌면 숙련된 기술로 재배할 수 있는 농민을 육성해야 하고, 생산 시설도 바뀌어야 하죠. 그러려면 큰 비용이 들거나 아예 불가능할 수도 있습니다. 가축 사육의 경우도 마찬가지예요. 기본적으로 기후가 바뀌면 냉난방을 위한 비용이 더욱 많이 들겠죠.

또 처음 보는 해충이 나타나거나 우리나라에 없었던 동식물 질병들이 생길 수 있습니다. 기후가 아열대로 변하는 과정에서 태풍이나 바람 또는 사람들의 이동을 따라 우리나라에 들어오는 거죠. 갑작스럽게 등장한 새로운 병해충에 경험이 없는 농민들은 농약을 잘못 사용할 수도 있습니다. 그럼 평소 즐겨 먹던 과일이나 음식의 맛이 나빠지고 값어치가 떨어질 수도 있겠지요.

3 식량 산업이 기후 변화에 미치는 영향

그럼 반대로 생각해 봅시다. 기후 변화는 왜 생길까요? 앞에서도 설명했듯이 기후 변화에는 사람의 역할이 최소 '절반 이상'을 차지하고, 심지어 1950년 이후부터는 오직 인류 문명이 그 원인이라는 것에 대부분의 과학자들(거의 100%)이 합의했습니다. 다음 쪽의 그래프는 1950년 이후에 자연과 인간의 역할로 지구 온도가 1900년보다 2도 정도 상승했음을 보여 줍니다. 녹색 선은 자연의 역할만을 표시한 것인데, 거의 변화가 없죠.

그럼 대체 왜 1950년 이후에 온도가 급격하게 상승한 것일까요? 과학자들은 인간이 식량을 대량으로 생산할 수 있는 기술을 개발한 탓이라고 주장합니다. 여러분은 혹시 고전 경제학

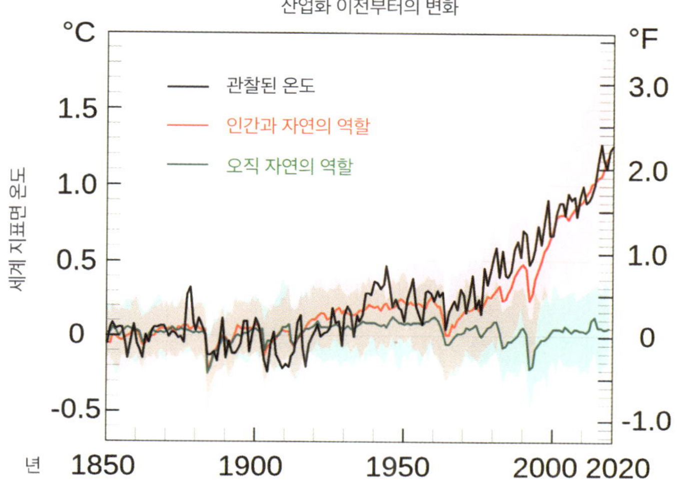

산업 혁명 이후 지구 표면 온도의 변화. 기후 변화, 곧 기온 상승은 대부분 인간 문명과 관련이 있습니다(출처: 위키피디아).

의 대표 학자이며 인구통계학자이자 정치경제학자인 토머스 맬서스라는 인물에 대해 들어 봤나요? 맬서스는 "인구는 기하급수적으로 늘지만, 식량은 산술급수적으로 늘기 때문에 인구를 감당하기 힘들어질 것이다"라고 말하여 인구 증가가 인류의 운명에 미칠 영향을 이야기했던 학자입니다.

그런데 인류는 식물을 대량 생산할 수 있는 획기적인 방법을 발견하게 됩니다. '하버-보슈법'이라고 불리는 이 기술은 상대적으로 낮은 비용을 사용해 곡물의 생산량을 늘렸고, 이 공로로 하버 박사는 노벨화학상을 받았습니다. 이전에는 사람들이 페루 등에서 바다새의 배설물이 쌓여서 만들어진 '구아노'를 비싼 값으로 사 와서 비료로 사용해야만 했죠. 그런데 공기 중의 질소를 질소 비료로 바꾸는 하버-보슈법 기술은 '공기로 빵을 만드는 기술'이라고 불릴 만큼 충격적인 효과를 가져왔어요. 식물 생산에 꼭 필요한 질소 비료를 저렴한 비용으로 대량 생산할 수 있게 함으로써 식량 생산성이 획기적으로 늘었으니까요.

이렇게 하여 인류는 충분한 식량을 공급받을 수 있게 되었지만, 반면에 기후 변화 문제를 일으키는 온실가스 배출이 훨씬 증가하게 됩니다. 암모니아를 만드는 데도 세계 이산화탄소 발생량의 1.8%가 나온다고 해요. 또 토양에 뿌려진 질소 비료는 아산화질소라는 온실가스가 되는데, 주요 온실가스로 지목되는 이산화탄소보다도 온실 효과가 273배나 된다고 합니다.

한편, 생물을 구성하는 중요한 원소로 탄소가 있습니다. 탄소는 다른 원소와 달라붙을 수 있는 팔이 4개가 있어서 다양한 방식으로 분자를 구성하는데, 이중에서 산소 2개와 달라붙은 이산화탄소가 온실가스의 주범입니다. 그런데 온실가스에도 이른바 '3대장'이 있습니다. 바로 이산화탄소, 메탄 그리고 앞서 말한 아산화질소입니다. 다음 그림은 3대장을 포함한 여섯 가지 주요 온실가스를 보여 줍니다. 수증기가 36~70%, 이산화탄소가 9~26%, 메탄이 4~9%, 아산화질소가 5.6%, 오존이 3~7% 정도를 차지한다고 하죠. 수증기는 온실가스의 큰 비율을 차지하고 있지만 우리에게 소중한 물의 기체 형태이므로 조절할 수 없는 요소예요. 그러므로 메탄과 아산화질소가 식량 생산 관점

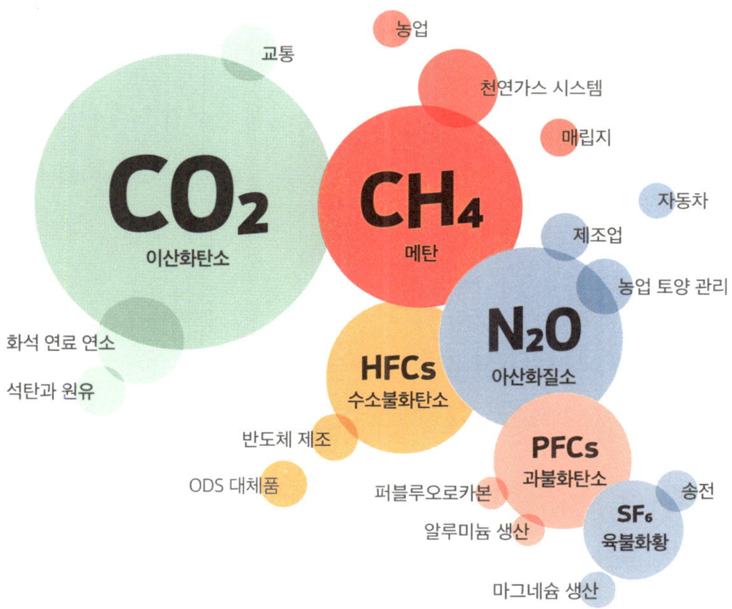

주요 온실가스의 종류와 비중
(출처: https://www.change-climate.com/Greenhouse_Gases.htm)

에서 중요한 분자임을 알 수 있습니다.

식량 생산은 앞에서 말했듯이 농업뿐만 아니라 식량을 가공하고 유통하고 전달하는 다양한 과정을 거칩니다. 그중에서도 세계적으로 볼 때 전체 식량 생산 과정에서 생기는 12.5% 정도의 온실가스가 농업에서 발생한다고 해요. 왜냐하면 메탄 40%와 아산화질소 62%가 농업에서 발생하는데, 이는 상당히 큰 비중을 차지하기 때문입니다. 더욱이 식량 생산을 위해 땅을 갈거나 잔재물을 태우며 발생하는 온실가스의 비중까지 고려하면, 식량 생산을 위한 모든 작업 중에 전체 온실가스의 4분의 1가량이 발생하는 셈입니다. 그리고 이중 절반가량, 즉 8분의 1가량이 메탄과 아산화질소입니다.

무조건 온실가스를 줄이면 해결될까?

1993년 12월, 우리나라는 '기후 변화에 관한 유엔 기본 협약(UNFCCC)', 또는 줄여서 '유엔기후변화협약'이라는 국제 협약에 가입했어요. 이 협약은 선진국들이 이산화탄소를 비롯한 각종 온실가스의 방출을 제한하고 지구 온난화를 막는 것을 주목적으로 합니다. 그런데 문제는 농수산업에서 무조건 온실가스를 줄이자고 하면 식량을 생산하는 데 큰 어려움을 겪을 수 있다는 점이에요. 앞에서 말한 바와 같이 우리가 먹는 식량은 사실 탄소가 골격의 중심을 이룬 '유기화합물'이기 때문입니다. 탄소는 온실가스의 주범이기도 하지만, 우리 식량의 핵심 원소이기도 합니다.

따라서 무작정 온실가스를 줄이라고 했다가는 우리 식량이 부족해집니다. 현재 세계 인구는 80억 명을 돌파했고 2086년에는 약104억 명에 달할 것으로 잠정 집계하고 있지요. 기후 변화나 각종 위기에도 불구하고 인구가 계속 증가할 것이라는 예측이 좀 이상하게 들리죠? 그러나 국제 사회의 협력과 교육 수준 증가, 의료 기술의 발달 덕분에 과거보다 인구가 급격하게 감소할 원인이 줄어든 것이어서, 전쟁이나 운석 충돌 등 극단적인 상황이 아닌 이상 21세기 내내 세계 인구는 증가할 것입니다. 따라서 기후 변화의 요인인 온실가스를 줄이고 기후 변화에도 생산성이 줄지 않는 식량 자원을 생산하는 과학 기술을 개발해야 해요.

스톡홀름 회복 센터(Stockholm Resilience Centre)는 2009년에 첫 번째 보고와 2023년에 세 번째 중요한 보고를 했는데, 바

로 지구과학적 관점에서 지구의 위기를 분석한 것입니다. 기후 변화의 위기 수준은 인류의 컨트롤 수준을 벗어나고 있는데, 2009년부터 이미 중요 위기 요소로 지목된 것이 질소와 인, 생물 다양성, 기후 변화 문제였습니다. 이 세 가지 요소의 공통점은 식량 생산과 관계가 있다는 점이죠.

안타깝게도 기후 변화와 식량과 관련된 지구 안정성 지표는 2023년의 보고서에서 더 나빠졌음을 보여 줍니다. 담수(신선한 물) 문제, 화학적 오염, 중요한 식물 생산 요소인 질소와 인의 부족 및 과잉 문제, 생물 다양성 문제 등 식량 생산 안정성에 빨간불이 들어왔다는 것을 알 수 있어요.

4 기후 변화에 대응하는 식량 생산 기술

그럼 우리 먹거리의 미래는 어떨까요? 기후위기 적응대책 2050에 따라 탄소 중립을 실현해야 하는 2050년까지 세계의 먹거리는 충분할 수 있을까요? 유엔은 개발도상국의 경제가 선진국보다 높은 수준으로 성장할 것이며, 인구 또한 개발도상국을 중심으로 계속하여 증가할 것으로 예측했습니다. 많은 개발도상국이 있는 아시아의 경우, 세계 식량의 70% 정도를 소비하게 될 것으로 보이죠(유엔, 2011). 앞서 말했듯 중국은 거의 모든 식품을 엄청난 양으로 수입할 것으로 예상되는데요. 특히 육류, 채소, 과일, 수산물, 기름 등에 대한 수입이 크게 늘어날 거예요. 이 때문에 우리나라의 농식품 공급 안정에 관한 고민을 하지 않을 수 없지요.

　세계의 상황도 크게 다를 것 같지 않습니다. 아래에 있는 2010년 기준의 쌀 필요량/부족량에 대한 그래프를 볼까요? 현재의 기술로도 매년 1% 정도씩 쌀 생산량이 늘고 있습니다. 실제 필요량은 1.2~1.5%씩 증가하고 있기 때문에 쌀 생산량 역시 0.2~0.5% 정도만 늘리면 될 것이라고 대수롭지 않게 생각할 수도 있겠네요. 그런데 2020년 기준으로 세계 쌀 생산량은 5억 2,800만 톤이었으니 0.5%는 무려 300만 톤 내외가 되겠죠? 우리나라의 쌀 생산량이 2022년 기준으로 376만 4,000톤이었어

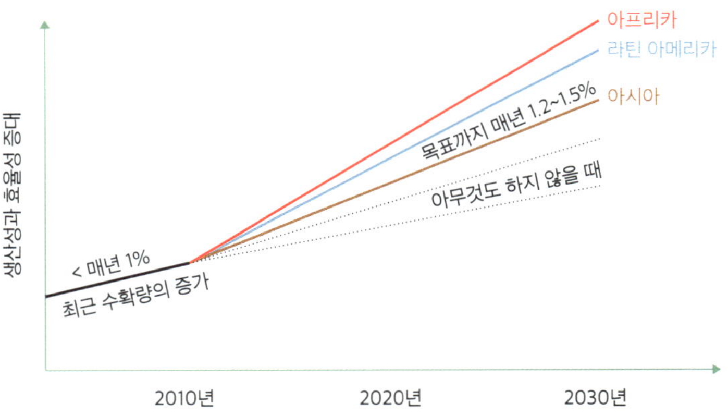

세계 쌀 필요량/부족량을 나타낸 그래프. 이대로 아무것도 하지 않으면 우리나라 쌀 전체 생산량 정도의 쌀이 모자라게 될 것입니다(출처: 진중현, 국제농업개발학회지, 2015).

요. 그럼 대략 우리나라 쌀 전체 생산량에 해당하는 양이 모자랄 것으로 예측되지요. 미래에는 부족량이 더 늘어나겠지요?

그런데 2023년 4월에 보도된 우리나라 한 언론 기사를 보면 우리나라의 쌀이 모자라다는 것은 착각이 아닐까 싶은데요. 2021년 기준으로 쌀 자급률이 84.6%라고 해요. 우리나라 전체 식량 자급률은 약 44.4%인데, 정부는 2027년까지 50% 이상으로 올리겠다고 합니다. 그런데 이것이 곡물 전체를 의미하는 것은 아닙니다. 순수하게 사람이 직접 먹는 것만 계산한 것이고, 축산이나 양식을 위해 사용되는 사료는 빼고 계산했거든요. 대부분의 식량은 수입해야 하고 심지어 믿었던 쌀도 아주 충분한 것은 아닙니다. 국제적으로 쌀을 포함한 대부분의 곡물이 모자랄 것으로 예상되는 가운데, 가축과 물고기 양식 등에 사용되는 곡물의 수요도 급증하면서 필연적으로 일어날 식량 위기에 대해 모든 나라가 고민하고 있습니다.

더욱이 오늘날의 지구는 기후 변화로 인한 고온, 건조, 태풍과 침수, 해수면 상승에 따른 농경지 감소, 도시화로 인한 농지 브족과 노동력 감소 등 식량 생산에 유리한 환경이 아닙니다. 더욱이 앞 장에서 설명했듯이 식량 생산 방식에도 기후 변화에 맞춰 큰 변화가 필요하죠. 우리나라 농촌 지역 대부분에서 쌀을 생산하는데, 앞서 논농사에서 메탄과 아산화질소가 많이 발생한다는 것을 설명했었죠? 결국은 탄소를 줄이는 탄소저감농법 또는 탄소중립농법(식량 생산에 따른 탄소의 발생을 극소화하여 공기 중 탄소 발생을 없도록 하는 농법)을 적용하더라도 식량 생산량이 줄어들지 않는 방법을 고민하는 방향으로 갈 것입니다.

축산업에서 발생하는 온실가스 줄이기

앞에서는 우리가 미래에 더 많이 소비하게 될 축산물에 대해 자세히 다루진 않았어요. 그런데 소, 돼지, 닭 역시 생산 각 단계에서 온실가스가 다량 배출됩니다. 대부분이 메탄인데, 소의 경우에는 사육하는 동안 발생하는 트림과 방귀에서 나오는 것이 대부분을 차지하고, 돼지의 경우에는 액체인 분뇨가 큰 역할을 합니다. 닭 사육은 소와 돼지보다 온실가스 발생량은 적지만, 집약도가 높을 뿐 아니라 먹이로 사용하는 곡물 사료를 생산할 때 온실가스가 많이 발생해요.

축산에서 사용하는 온실가스 저감 기술은 소와 돼지의 사육 기술 그 자체에 집중하는 경우가 많아요. 가축 부문 온실가

소·돼지·닭의 사육 단계별 온실가스 배출량 *단위:MICO₂-eq

	소	돼지	닭
농자재 생산	79~138	103~180	178~311
사료 생산	779~892	73~220	125~381
가축 사육	2227	191	53
도축·후처리	5~15	14~21	18~27
유통	0~134	0~263	0~244

※ 1MICO₂-eq는 약 10억 kg에 상응한다. 30년 된 소나무 한 그루가 1년 동안 흡수하는 온실가스 양은 약 6.6kg이다.

축산은 온실가스를 많이 발생시키기 때문에 다양한 온실가스 저감 기술이 필요합니다(출처: 기후변화행동연구소 • Energy Procedia).

스 총량은 71억 톤 CO_2eq(이산화탄소의 온실효과에 상응하는 값으로 바꿔 온실효과를 상대적으로 측정할 수 있는 단위)인데, 우리가 교통수단을 이용할 때 발생하는 온실가스의 총량과 맞먹는다고 합니다.

소는 반추동물으로서, 먹던 풀을 토하여 다시 씹어 삼키는 습성을 가지고 있어요. 이 과정에서 소화가 잘 안 되는 마른풀 등에 있는 셀룰로스를 분해하기 위해 미생물을 이용하지요. 미생물이 분해하는 세포벽에서 생성되는 탄소는 소의 침에 녹아서 산성을 띠게 되는데, 이 과정에서 미생물이 메탄을 발생시킨다고 합니다. 그렇게 몸 안에 쌓인 메탄이 트림이나 방귀로 몸 밖으로 나오는거죠. 과학자들은 메탄 발생을 줄여 주는 사료나 미생물을 활용하기도 하는데, 소의 생산성 향상을 동시에 고려해야 해서 더 많은 연구가 필요해요.

한편 소나 돼지 모두 많은 양의 분뇨(똥오줌)를 배출합니다. 분뇨가 물에 녹아 하천으로 흘러내리면서 물을 오염시키고 농작물에 너무 많은 양분을 공급하여 부영양화(eutrophication)를 일으켜요. 뉴스에서 종종 '녹조 라떼'라고 부르는 하천이나 농지에서 조류가 급격하게 불어나는 현상을 말합니다. 그래서 분뇨를 깨끗하게 처리하는 청정화 기술이 매우 중요해요. 보통 분뇨로 나오는 생물 유래 물질과 결합된 물질을 '유기물', 유기물이 미생물에 의해 분해되어 분자화된 것을 '무기물'이라고 해요. 이렇게 유기물을 무기물로 만드는 과정을 무기화(mineralization)라고 합니다. 완전히 무기화된 양분은 식물의 좋은 양분이 되고 온실가스 배출 역시 줄여 줍니다.

벼농사에서 발생하는 온실가스 줄이기

다시 논으로 돌아가 볼까요? 벼를 생산하기 위해서는 봄에 온도를 따뜻하게 유지하거나, 영양분 공급을 골고루 하고, 잡초 피해를 줄이기 위해 물을 계속 논에 담아두는 '담수법'을 활용합니다. 그렇게 하면 논 표면의 흙이 공기와 만나지 않게 되는데, 이렇게 공기가 부족한 상태를 '혐기 조건'이라고 합니다. 앞에서 말했던 소가 반추할 때 미생물이 작동하는 원리처럼, 혐기 조건에서도 메탄을 발생시키는 균이 작동합니다. 공기가 통하

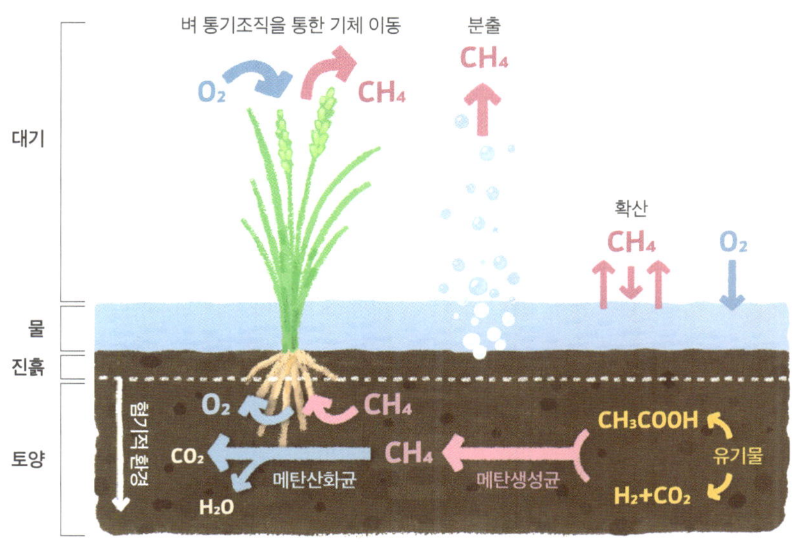

벼를 재배할 때 온실가스인 메탄이 발생하는 과정(출처: 권효숙 외, 국립농업과학원)

는 조직이 있는 벼를 통해서도 메탄이 나오죠. 벼의 뿌리가 숨을 쉴 수 있도록 종종 농민들이 논을 말리는 작업을 하게 되는데, 이때 물이 마르면서 직접적으로 메탄이 많이 나오게 됩니다.

따라서 온실가스 발생량을 줄이려면 원인이 되는 질소와 유기물을 토양에 투입하는 것 자체를 줄이거나, 토양 내에 필요한 물을 매우 정밀하게 계산하여 정확히 필요한 양(용수량)만큼 적절한 때에 공급하면 됩니다. 이렇게 정밀한 데이터에 근거하여 수행하는 농사 방법을 '정밀 농업'이라고 해요. 물과 비료는 온실가스 발생에 원인을 제공하는 동시에, 식량 생산을 위한 주요 원료이기 때문에 적절하게 사용하는 것이 중요합니다.

이외에도 토양 개량, 비료 조절, 메탄 배출을 막는 저해제 사용 등의 다양한 방법이 있습니다. 그런데 무엇보다도 우리나라가 높은 기술력을 갖고 있는 식량작물 품종 개발(또는 '육종') 기술을 활용하여 물과 비료를 덜 공급하는 조건에서 생산성과 품질이 우수한 품종을 활용하는 것이 중요합니다. 물론 기존의 재배 기술로 키운 품종에 익숙한 생산자들과 소비자들이 만족할 만한 품질을 갖춘 수준이 되려면 품종 개발 과정이 함께 진행되어야겠지요.

   식량이 부족한 세상이 온다면

아마도 메탄 발생이 적은 품종을 만들려면 뿌리와 통기 조직에서 차이를 보이는 유전 자원을 활용해야 할 것입니다. 토양 내 미생물의 역할도 중요해요. 미생물들은 벼가 활용하는 양분의 형태를 바꾸는데, 어떤 형태의 양분이냐에 따라 식물에 유용하게 이용되기도 하고 반대로 독이 될 수도 있기 때문이죠.

곤충 식량과 스마트팜으로 온실가스 줄이기

미래에 전 세계적으로 가장 중요해질 식량원은 무엇일까요? 아마도 단백질과 기름, 천연물일 거예요. 대부분의 사람들이 단백질을 섭취하기 위해 육류와 어류를 많이 소비하는데, 육류는 온실가스를 내뿜고 넓은 경지 면적을 사용한다는 문제점이 있습니다. 또한 어류를 얻기 위해서는 낚시나 포획을 하는 과정에서 배로 바다를 항해하다 보니 온실가스를 매우 많이 배출하게 되죠. 따라서 사람들은 전통적인 육류와 어류 이외에도 새로운 단백질원을 찾게 되었습니다.

콩을 포함한 다양한 식물성 단백질원에는 강낭콩, 병아리콩, 렌틸콩, 견과류와 다양한 씨앗 등이 있는데, 원물 그대로 요리해서 먹어도 되지만 육류와 같은 맛을 내려는 시도도 있지요.

미국 샌디에이고에 가서 식물성 고기를 먹어 본 적이 있는데, 일반 버거보다도 더 맛있다는 생각이 들었어요. 물론 가격이 싸진 않았지만요.

곤충을 식량으로 활용하는 것도 온실가스 배출 감소에 도움이 됩니다. 곤충을 활용하여 고기를 만들면 소고기에 비해 5%가량의 온실가스가 발생한다고 해요. 넓은 초지를 사용하지 않아서 공간도 적게 드는데다가, 같은 양의 사료를 먹였을 때 생산되는 고기의 양도 많아 효율적으로 생산할 수 있기 때문입니다. 다만 곤충이 식용으로 사용되려면 사람들의 취향이라는 장벽을 넘어야 하기 때문에 곤충을 다른 동물의 사료로 활용하는 방법도 좋을 것 같네요. 예를 들어 어류를 바다에서 직접 포획하는 것보다 육상에서 양식을 하면 그 자체로도 온실가스를 줄이는 효과가 있어요. 그 과정에서 어류의 사료로 곤충을 활용한다면 단백질이 충분한 사료를 공급할 수 있고 사료의 수입을 줄일 수 있어서 탄소발자국(원료 생산, 운송, 사용, 폐기 중에 발생하는 탄소가 기후 변화에 미치는 영향을 계량적으로 나타내는 지표)을 줄이는 효과가 있겠지요?

마지막으로 스마트팜 기술을 들 수 있습니다. 스마트팜을

원격 모니터링과 제어 등 다양한 최신 기술로 효율적인 농업을 돕는 스마트팜의 모습입니다.

이용한 재배는 공간과 에너지, 노동력을 최대한 효율화하여 탄소 발생을 극소화하는 방법이에요. 또한 흙을 사용하지 않거나 정밀 농업 기술을 적용함으로써 메탄 발생을 원천적으로 제어하고, 공급되는 물과 자재, 심지어 폐기물까지 모두 최적으로 조절할 수 있습니다. 그러나 빛과 온도 제어를 위한 에너지를 만드는 비용이 많이 들고, 활용이 가능한 식물이 아직 많지 않다는 한계가 있지요. 특히 곡류와 과수 같은 작물에는 아직 적용되지 않으며, 식물에는 적용되지만 사실 식물 자체의 가격이 비싸지 않기 때문에 매력적이진 않아요. 그래서 기술 개발을 통한 초기 투입 비용을 낮추는 노력이 필요합니다.

5 식량 위기의 요소

지난 2005년부터 2009년까지, 전 세계적인 식량 위기가 닥쳤습니다. 원인을 알기 어려운 곡물 가격의 폭등으로 많은 사람이 식량을 구하는 데 어려움을 겪었어요. 2005년 대비하여 밀 130%, 콩 87%, 쌀 74%, 옥수수는 31%나 치솟으면서 많은 저개발 국가가 아주 힘든 시간을 보내야 했지요.

이후에 경제학자들은 이 상황의 중요한 원인으로 미국의 부동산 가격 폭락과 금융 위기, 그리고 석유 가격 상승에 따라 바이오에너지(콩, 옥수수에서 나온 기름 또는 알코올을 자동차나 공장의 연료로 사용하는 것) 사용량을 늘리게 한 정부 정책 등을 꼽았어요. 마치 한 곳에서 일어난 작은 나비의 날갯짓이 뉴욕에 태풍을 일으킬 수 있다는 '나비 효과' 같은 것이죠. 선진국에서 에너지 사용량이 늘자 석유가 무기화되어 에너지 가격이 상승하고, 이에 대응하여 바이오에너지 기술이 개발되고, 저개발 국가 국민의 식량인 콩이나 옥수수가 바이오에너지에 몰려 사용되었거든요. 설상가상으로 기후 변화 때문에 곡물 생산성이 줄어들고, 큰돈을 벌려는 투자(또는 투기) 흐름까지 나타나면서 상황이 매우 복잡하게 꼬여 갔어요.

결국 피해는 고스란히 저개발 국가와 저소득층 사람들에게로 돌아갔습니다. 저는 그때 국제벼연구소(IRRI)가 자리한 필리핀에 있었는데요. 그 당시 필리핀의 거리에서는 먹을 것을 구하는 사람들, 심지어 아이들도 많이 보였어요. 정부는 엄청난 양의 쌀을 수입해서 국민들에게 공급해야 했는데, 그마저도 쌀이 반, 돌이 반인 질 나쁜 쌀이었지요. 게다가 식당에서는 한 사람에게 판매하는 밥의 양과 수에 대한 규제까지 생겼습니다. 되도록 많은 사람에게 쌀을 나눠 줘야 하니까요. 이 법을 지키지 않는 식당은 영업 정지와 같은 강한 처벌을 받았어요.

바이오연료가 바꾼 지정학

자료: 애틀랜틱 먼슬리

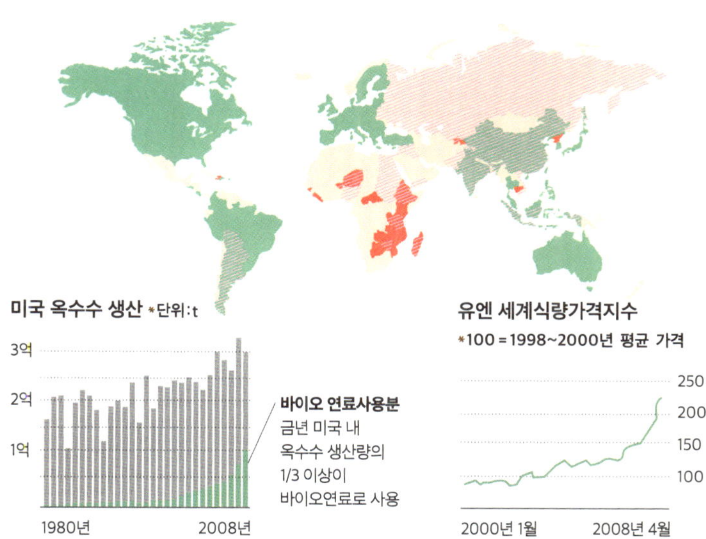

나비효과

지난해 미국 농부들이 콩 생산 토지면적을 16%줄였음. 콩기름 가격 40% 상승. 2008년 1월, 인도네시아인 1만 명이 두부, 식용유 등의 가격 인상에 항의해 시위. 인도네시아 고위 관리는 지속되는 사회적 불안이 정권 전복으로 이어질 것을 우려

잃어버린 세대?

단기적 식량가 급등의 영향력 지속. 2세 미만 영아에게 값싸고 영양이 부족한 식량을 제공하면 발육 저하로 이어짐. 심지어 면역체계와 지능 발달에도 영향

무기를 농기구로

1977년 안와르 사다트 전 이집트 대통령이 빵 보조금을 없애자 폭동 발생. 당시 시나이 반도 전선의 군을 투입해 질서 유지. 금년 봄 빵 시위로 인해 여러 명이 사망, 이번에도 군을 동원했지만 빵을 굽는 데 지원. 폭동은 여전히 진행 중

식량과 처벌

식량 가격 공포가 확산되자 인도, 태국, 파키스탄 등은 사재기를 단속. 필리핀은 쌀 사재기 단속팀을 운영하며 몰래 사재기 하는 이를 종신형에 처할 것이라고 경고

2005~2009년의 세계 식량 위기와 바이오에너지를 이용한 각 국가들의 대응을 보여 주는 지도(출처: 동아일보, 2008.09.05)

코로나19 바이러스가 불러온 식량 위기

최근에 우리는 새로운 상황을 경험했습니다. 바로 '코로나19 바이러스'였죠. 설마 설마했는데, 온 세상이 그대로 얼어붙고 말았어요. 2019년에 시작된 코로나19 바이러스는 전 세계로 퍼져 나가면서 사람들의 발목을 꽁꽁 묶었습니다. 그러다 보니 역시 큰 문제는 식량이었죠. 당장 많은 식량을 사재기하려는 사람들로 한참 혼란을 겪었어요. 그런데 마트와 시장에서 확보하고 있던 물건들이 다 팔리자, 추가로 생산하여 공급하는 일에 차질이 생겼습니다. 트럭 운전사들이 트럭을 장기간 몰 수 없던 상황도 그 이유였다고 해요. 러시아와 같은 농업 대국들의 농장에서 생산된 농식품 원료를 항구로 운송해야 하는데, 감염병 때문에 중간에 머물러 식사하고 잠을 잘 수 있는 곳이 없었으니까요. 농장에서는 농산물이 썩어 나가고 항구는 텅텅 비는 상황이었습니다.

서비스업에 종사하거나 공연 예술을 하는 사람들은 아예 일을 할 수가 없었습니다. 가장 큰 일자리 타격을 받은 셈입니다. 그러자 프랑스 정부는 이들에게 농촌에 가서 일을 해 줄 것을 요청했어요. 코로나19 바이러스는 사람에게만 해를 끼칠 뿐,

농작물들은 잘 자랐으니까요. 기계를 이용하는 것이 어려워지고 오히려 사람 손으로 일일이 해야 하는 상황이 되니 노동력이 부족했던 것입니다.

중국에서 처음 발병한 코로나19 바이러스는 중국 전역을 얼어붙게 했지요. 2023년 중반이 되어서야 비로소 국경을 개방했어요. 이 기간 동안 중국 사람들의 도시 간 이동은 엄격하게 통제되었습니다. 기차나 시외버스를 탈 때, 중요 건물을 들어갈 때마다 신분증 검사는 물론이고 눈동자와 지문 등을 이용한 검문검색이 이루어졌습니다. 중국이 전체주의 시스템을 가진 탓도 있겠지만, 팬데믹 상황에서 역병의 유행을 막는다는 것은 통제의 좋은 명분이 되었죠. 이후 중국은 다른 주요 농업 국가들처럼 식량 생산이 급격히 줄어들고 수입하기 어려워진 현실을 인정하면서, 식량 생산과 자급을 국가의 가장 중요한 정책 목표 중 하나로 삼았습니다.

우리는 팬데믹 때 마스크가 '공공재'로 사용된 것을 처음으로 경험했습니다. 마스크 없이는 전반적인 사회생활이 불가능했기 때문에 마스크는 필수품이 되었죠. 갑작스럽게 마스크가 많이 필요해지자 가격은 폭등했고, 정부는 강력하게 마스크의 생산과 공급에 개입했어요. 한 사람당 구매할 수 있는 마스크의 개수와 횟수도 제한되었습니다. 마스크를 생산하는 업체도 떼돈을 벌었을 것 같지만 사실 그렇지 않습니다. '공공재'의 수입은 국가가 엄격하게 관리하니까요. 실제로 우리나라의 마스크는 외국에 함부로 들고 나갈 수 없었고, 소포로도 보낼 수 없었습니다.

마스크의 예로 알 수 있듯이, 식량은 과거부터 현재, 미래를 관통하는 인간에게 가장 중요한 '공공재'입니다. 우리나라는 헌법 제121조에 명시되어 있지요. "국가는 농지에 관하여, 경자유전의 원칙이 달성될 수 있도록 노력하여야 하며, 농지의 소작제도는 금지된다. 농업 생산성의 제고와 농지의 합리적인 이용을 위하거나 불가피한 사정으로 발생하는 농지의 임대차와 위탁경영은 법률이 정하는 바에 의하여 인정된다."

농업 생산의 목적과 이유가 헌법에 포함되었을 정도니, 얼마나 중요하고 엄중한 것인지 알 수 있겠죠? 그런데 여기에서 "법률이 정하는 바"에 해당하는 법률, 즉 농지법 중 3조를 보면 이렇게 쓰여 있습니다. "농지는 국민에게 식량을 공급하고 국토환경을 보전하는 데에 필요한 기반이며 농업과 국민경제의 조화로운 발전에 영향을 미치는 한정된 귀중한 자원이므로 소중히 보전되어야 하고 공공복리에 적합하게 관리되어야 하며, 농지에 관한 권리의 행사에는 필요한 제한과 의무가 따른다. 농지는 농업 생산성을 높이는 방향으로 소유, 이용되어야 하며, 투기의 대상이 되어서는 아니 된다.”

이 글을 전부 이해할 필요는 없습니다. 법조문은 이해하기 어려우니까요. 식량을 담당하는 농업 생산과 농지를 바라보는 관점이 어떠한 것인지를 확인한 것만으로도 충분합니다.

러시아 침공으로 악화된 식량 위기

마지막으로, 전쟁을 빼놓을 수 없습니다. 더 넓게 생각하면 국제 관계가 험악해지는 경우죠. 팬데믹이 끝나갈 무렵, 2022년에 갑작스럽게 러시아가 우크라이나를 침공하는 사건이 일어났습니다. 세계 밀 생산 1, 2위를 다투는 두 나라의 전쟁으로 인해 전 세계의 식량 생산과 공급에 큰 차질이 생겼지요. 우리나라에서는 우크라이나산 기름인 해바라기씨유가 온라인 마트와 백화점 등에서 동나는 사태도 있었어요.

그러나 가장 큰 문제를 겪은 나라는 아프리카의 에티오피아였는데요. 에티오피아뿐만 아니라 동아프리카 대부분의 국가가 곡물 수입의 90%를 전쟁 중인 두 나라에 의존하고 있었거든요. 동아프리카는 오랜 내전과 가뭄 등으로 나라의 기반을 잃었는데, 에티오피아의 경우 최근에 전쟁을 종식하고 댐을 건설하는 등 나라의 기반을 세우기 위해 많은 노력을 기울이고 있습니다. 또한 광활한 땅에서 기르는 엄청난 수의 소가 있지만 그것만으로는 1억이 훨씬 넘는 인구를 먹여 살리기에 역부족이어서, 에티오피아는 곡물 생산을 자급하려는 노력을 하는 중이죠. 이를 위해서는 물을 확보하는 것이 가장 우선입니다. 그리고 기술 협력과 지원도 필요해요. 우리나라 역시 아프리카 여러 나라에 도움을 주기 위해 애쓰고 있습니다. 참고로 에티오피아는 한국 전쟁 당시 도움을 준 나라 중에 하나이기도 합니다.

식량 위기를 불러오는 요인들을 줄여 나가는 법

그럼 지금까지 2장에서 배운 것들을 정리해 볼게요. 식량 위기는 정말 일어날까요? 네, 식량 위기는 과거에도 있었고, 앞으로도 일어날 것입니다. 식량 위기를 일으키는 요인들은 늘 존재하니까요. 우리나라는 식량을 대부분 수입하기 때문에 외국의 상

    식량이 부족한 세상이 온다면

황을 잘 살피면서 대응해야 합니다. 다른 나라에 전쟁이 나거나, 기후 변화로 큰 재앙이 일어나거나, 역병이 창궐하여 피해를 보면 우리가 수입하는 식량의 가격이 상승하거나 아예 구하지 못할 수도 있어요.

가까운 미래에 우리 인류는 숙명적으로 기후 변화에 의한 기온 상승을 경험할 수밖에 없습니다. 농축수산업을 포함한 식량 생산과 활용 과정에서 온실가스가 발생하기 때문이에요. 따라서 온실가스 배출을 확실하게 줄이려는 노력을 해야 해요. 우리나라 정부는 2030년까지 온실가스 배출 전망치의 37%를 감축하겠다고 밝혔습니다. 그러나 과연 탄소 수치를 현저하게 감소시키고 기온 상승을 2도 이내로 낮출 수 있을지에 대해서는 논란이 많습니다. 왜냐하면 세계적으로 평균 43%를 줄여야 하는데 우리나라는 1인당 탄소 배출량이 11.3톤/년 CO_2eq로 많아서 소위 '기후 변화 악당' 국가의 오명을 가지고 있기 때문입니다.

기후 변화를 포함한 많은 부분에서 우리나라는 국제적 점수를 따야 하는 상황이에요. 기후 변화에 관한 협약에 가입한 이상, 기준을 준수하고 앞으로 신설될 '탄소세'도 부담해야 합니다. 탄소 배출에 대한 세금인 탄소세를 덜 내려면 탄소 저감 방법으로 상품을 생산하고 생활해야 하며, 식량 생산도 예외가 아니죠. 식량 생산의 관점에서 가장 중요한 온실가스는 앞에서 언급한 바와 같이 이산화탄소보다도 메탄과 아산화질소입니다. 이것을 제어하기 위해서는 가축의 생산 환경을 잘 통제해야 하고 벼나 밭작물 재배 시 물과 비료의 사용을 줄여야 합니다. 그리고 탄소 저감을 할 수 있는 재배법을 활용하고 종자를 사용해야 해요.

그런데 식량 생산에 변수가 되는 위험 요소는 기후 변화 외에도 많습니다. 그 예로 질소와 인산을 포함한 식물 비료의 지구적 순환 문제를 들 수 있어요. 우리나라의 경우와 같이 식량을 많이 수입하면 결국 많은 양의 질소와 인산이 국내에 쌓이면서 과잉으로 인한 문제가 일어납니다. 사람과 동물의 인분에 포함된 유기질은 수질과 토양의 오염을 일으키는데 유기질이 물로 흘러가 기온이 상승하면 독성이 있는 녹조를 일으키고, 토양에 쌓이면 땅이 황폐해집니다.

반면에 식량을 수출하는 나라는 지속적으로 질소와 인산이 고갈됩니다. 질소 비료는 에너지를 사용하여 합성하기 때문에 에너지 가격이 상승하면 비료의 가격도 함께 상승하죠. 인산 비료는 인광석이라는 광물을 채굴하여 만드는데, 사용량이 고작 100년 정도 남았다는 이야기도 있을 만큼 심각한 고갈 위험에 놓여 있어요.

그리고 바이오에너지, 국가 정책, 전쟁, 역병 등 어떠한 부분에서든지 위기가 발생하면 개발도상국에서부터 생기는 식량 위기와 경제 불안정으로 전 세계가 영향을 받습니다. 우리가 자체적으로 식량을 생산한다 해도 생산을 위해 필요한 많은 자재를 수입에 의존하고 있기 때문이에요. 결국 식량뿐만 아니라 식량 생산에 필요한 그 무엇도 언제든지 '무기화' 될 수 있다는 것을 염두에 두어야 합니다.

이와 같이 우리나라는 식량 부분에서 주도적인 결정을 하기 어려운 상황입니다. 따라서 식량안보지수를 높이는 노력을 해야 합니다. 식량안보지수를 높이기 위해 우리나라의 자체 식량 생산성을 높이려는 노력도 필요하지만, 원하는 때에 원하는 양의 우수한 품질의 식량을 해외에서 공급받을 수도 있어야 해요. 간단히 말하면, 국민 각 계층이 식량 부족 문제를 경험하지 않을 정도로 평등하게 건강하고 충분한 영양 공급을 받을 수 있어야 합니다.

이를 위해 꼭 필요한 것이 있습니다. 3장에서는 식량 위기를 대할 때 필요한 우리의 관점과 정책을, 4장에서는 우리에게 필요한 자세와 기술 부분을 이야기해 보고자 합니다.

식량 위기, 어떻게 극복할 수 있을까?

3

1 소득 수준과 식문화의 변화

앞서 이야기했던 것처럼, 전 세계의 인구가 2086년에는 약 100억 명을 초과할 것으로 예상되기에 더 많은 식량이 필요할 것입니다. 물론 100억이라는 숫자가 대부분의 사람에게 크게 와닿지 않을 거예요. 하지만 결국에는 어마어마한 인구를 유지하기 위해서 식량의 유형 또한 크게 변화할 것이며, 더 강력하고 유연하며 지속 가능한 방법으로 식량을 생산하고 분배할 수 있는 시스템이 필요할 것입니다. 고기를 예로 들어볼까요?

역사적으로 많은 문화권에서 고기는 비싼 식재료였고, 주식보다는 특별한 날에 먹는 음식 정도였죠. 그러나 경제가 발전하고 생활 수준이 올라가면서 밥상에 고기가 자주 올라오고, 점점 일상적인 식단의 한 부분으로 자리 잡았습니다. 또한 이것은 경제적인 면뿐만 아니라 글로벌 문화에도 큰 영향을 받았어요. 사람들은 예전보다 텔레비전 프로그램, 영화, 소셜 미디어를 통해 전 세계 문화를 더 많이 접하고, 이를 통해 다양한 종류의 식품과 요리에 호기심을 갖게 되었습니다. 그리고 글로벌 무역을 통해 전 세계의 식재료를 쉽게 접할 수 있게 되면서 즐길 수 있는 음식의 종류가 예전보다 훨씬 더 다양해졌지요.

또한 고기는 맛뿐만이 아니라 단백질을 얻을 수 있는 중요한 식재료이기도 합니다. 건강에 대한 인식이 높아짐에 따라 사람들은 의식적으로 단백질을 더 챙겨 먹으려고 하면서 고기의 수요가 더 높아지고 있습니다. 높은 수요를 충족시키기 위해서는 소, 닭, 돼지, 양과 같은 가축을 더 많이 키워야 하고, 그 결과 필요한 사료의 양도 늘어납니다. 문제는 같은 양의 옥수수를 직접 사람이 먹는 것보다 가축에게 먹여서 고기로 섭취하는 것이 에너지 측면에서 보았을 때 효율이 더 낮다는 것입니다.

그래서 인구가 늘어나고, 고기를 더 많이 필요로 하는 오늘날의 현상은 미래 식량에 대한 중요한 질문들을 던지게 합니다. 우리는 지속 가능한 방법으로 충분한 고기를 생산할 수 있을까? 환경에는 어떤 영향을 줄까? 연구소에서 배양하는 고기나 식물 기반의 재료로 고기를 대체할 수 있을까? 이 질문들은 인구 증가와 식량 수요 사이의 복잡한 관계를 탐색하면서 인류가 마주하게 될 도전 과제들이 될 거예요.

우리나라의 식량 소비 성향의 변화와 이유

우리나라의 식문화도 지난 수십 년 동안 큰 변화를 겪어 왔습니다. 전통적으로 우리나라의 주식은 쌀이었고 김치, 찌개, 나물과 같은 반찬들이 함께 밥상에 올라왔죠. 우리가 한식을 생각하면 떠오르는 것들입니다. 그러다가 1970년대 후반부터 경제가 빠르게 성장하면서 대다수 국민의 생활 수준이 향상되었고, 우리의 식생활도 점차 변하기 시작했습니다. 사람들은 단순히 배를 채우기 위해 먹는 것에서 나아가 좀 더 맛있는 식재료와 다양한 음식을 찾았지요. 특히 1988년 서울 올림픽을 계기로 전 세계와 더 많이 교류하게 되었고 해외여행이 활발해지면서 다양한 외국 문화와 음식이 우리나라에 소개되었습니다. 최근에 전 세계적으로 한국 드라마 등 K-컬처가 유행하면서 외국에서도 떡볶이, 김밥, 김치, 비빔밥과 같이 우리가 즐겨 먹는 음식들이 유명해진 것을 알고 있지요? 올림픽 당시 우리나라도 해외 영화, 드라마, 팝송과 같은 대중문화를 통해 새롭고 다양한 세계의 식문화에 눈을 뜨게 되었습니다.

이러한 변화 속에서 피자, 햄버거, 파스타, 스테이크와 같이 서양에서 유래한 음식은 어느새 한국의 식당과 가정에서 흔히 볼 수 있는 음식으로 자리 잡았어요. 특히 젊은 사람들의 입맛이 점점 서양식으로 변하면서 밥보다는 빵을 더 좋아하는 사람들이 늘고, 고기 위주의 음식을 즐겨 찾으면서 단백질 식품의 소비량도 많이 늘어나게 됩니다.

요약하면 우리나라의 식량 소비 성향의 변화는 경제적 성장, 국제적 교류 그리고 문화적 영향의 결합으로 인해 일어난 것으로 볼 수 있습니다. 이러한 변화는 우리나라의 개방성과 국민의 호기심 그리고 다양한 문화와의 접촉을 통한 적응력이 반영된 결과라 할 수 있지요.

식량 안보와 삶의 질

경제력이 있는 나라의 사람들은 더 다양하고 맛있는 음식을 먹고 싶어 하는데, 그 나라에서 자체적으로 생산할 수 있는 식량의 양이 한정되어 있으면 어떤 일이 생길까요? 사람들의 욕구를 만족시키기 위해 더 많은 양의 식량을 외국에서 수입하겠지요? 여기에서 우리가 1장과 2장에서 다뤘던 개념을 다시 한번 떠올려 볼까요? 바로 '식량 안보'인데요, 국가나 지역 또는 개인이 필요한 식량을 충분히 확보하고 유지하는 능력을 말합니다. 단순히 먹을 것을 충분하게 확보하는 것을 넘어서, 국민이 풍족하고 균형 잡힌 식생활을 누릴 수 있도록 하는 것을 더 중요하게 생각합니다.

국가적 차원에서 볼 때 식량 안보는 국가의 안전과 주권 및 경제 안정성과 깊은 연관이 있어요. 한 나라에서 필요한 식량을 직접 생산하거나 안정적으로 수입해서 사람들이 필요로 하는 양을 만족시키는 것에 실패하면, 결국 사회가 불안정해지고 경제적으로도 흔들리게 됩니다. 식량은 생존의 문제이며 사람이 가지고 있는 기본 욕구이기 때문이죠. 여기에는 식량 생산 및 저장을 위한 기술 개발, 농업 인프라에 대한 투자, 농민 교육 및 국제 식량 시장의 변동에 대비하는 전략 등도 포함됩니다.

인류적 차원에서 볼 때, 식량 안보는 기본적인 인권 문제라 할 수 있습니다. 세계의 모든 사람은 그들이 어디에 살든지 간에 건강하고 균형 잡힌 식사를 할 권리가 있습니다. 그러나 아프리카 같은 개발도상국에서는 빈곤과 기아로 인해 이러한 권리가 침해되는 경우가 많아요. 따라서 국제 사회의 협력이 필요하며 식량 지원뿐만 아니라 농업 기술 전수, 지역 농업의 발전 지원 등 다양한 차원의 지원이 필요합니다.

지구의 기후 변화, 자연재해, 전쟁과 같은 위협이 증가함에 따라 국가와 개인의 식량 안보가 점점 더 중요한 글로벌 이슈가 되고 있습니다. 지구 사회는 국제 무역망으로 긴밀하게 연결되어 있어 서로가 서로에게 크게 의존하고 있거든요. 따라서 이러한 위협이 증가하면 식량을 수입하고 수출하는 나라 사이에 무역 불균형이 일어날 수 있는데, 이는 한 나라만의 문제가 아니라 세계적인 이슈가 될 수 있습니다. 2022년 러시아우크라이나 전쟁으로 인해 세계식량안보지수가 크게 오르고 우리나라의 식용유와 밀가루 가격이 많이 올랐던 것을 생각하면 쉽게 이해할 수 있을 겁니다.

농업을 통해 얻을 수 있는 식량의 양은 한정되어 있기에 식량을 생산할 때는 어떤 것을 우선시해야 할지 고민하게 됩니다. 효율적으로 많은 사람을 먹일 수 있는 쌀과 단백질 섭취도 되면

　　　　　　　　　　　　식량이 부족한 세상이 온다면

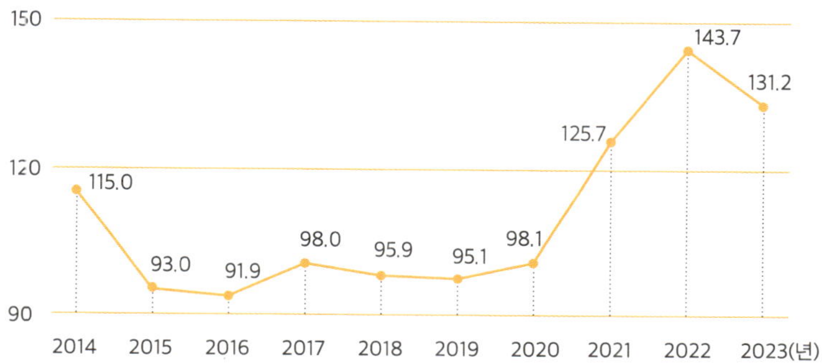

세계식량가격지수는 전쟁이 일어났던 2022년 전후로 급등했습니다(출처:머니투데이, 2023.02.18).

서 기호도가 높은, 그러나 사료를 포함하여 생산 비용이 많이 드는 돼지고기. 둘 중에 어떤 것을 더 많이 만들어야 할까요? 또 다른 예로 라면과 커피를 생각해 봅시다. 같은 값이면 라면은 더 많은 사람의 배고픔을 해결해 줄 수 있습니다. 반면에 커피는 라면 한 봉지보다 4배 비싸고 라면만큼 배부르지 않지만 사람들에게 즐거움을 줍니다. 여러분이라면 둘 중에 무엇의 우선순위를 더 높게 둘까요?

그래서 식량 위기는 우리가 어떤 것을 선택할지와 밀접하게 연결되어 있습니다. 값싸게 필요한 칼로리를 채울 수 있는 식품도 중요하고, 우리의 기호를 충족하고 삶의 질을 높이는 식품 역시 중요합니다. 이러한 선택은 개인, 국가 및 글로벌 수준에서 이루어져야 하며, 각 수준에서의 결정이 식량 안보와 지속 가능성에 영향을 미칩니다.

우리는 한정된 농업 자원을 이용하여 어떤 식량을 더 생산할지 선택해야 합니다.
여러분은 어느 쪽을 우선순위에 둘 건가요?

 식량이 부족한 세상이 온다면

2 식량 관련 정책들

그렇다면 각국은 어떤 식량 관련 정책을 내놓고 있을까요? 먼저, 정책에 영향을 주는 요소들을 살펴볼게요.

❶ 식량에 대한 정부 보조금의 역할

대부분의 나라들은 국민의 식생활을 안정적으로 유지하고 농업의 경쟁력을 강화하기 위하여 농민이나 농업 분야에 보조금을 지급하고 있습니다. 보조금은 농민에게 안정된 수입을 보장함으로써 농작물의 생산량을 안정화하고 농촌 지역의 경제 활성화에도 도움을 줍니다. 일시적으로 경제가 나빠지거나 식량 생산에 들어가는 비용이 증가하더라도 소비자들이 비교적 저렴한 가격에 식품을 살 수 있도록 돕는 것이죠. 국가는 식량이 모자랄 때를 대비하여 보조금을 통해 전략적으로 식량을 비축할 수 있을 뿐 아니라, 농업 연구에 보조금을 투자하여 병에 잘 걸리지 않고 더 튼튼한, 많이 수확할 수 있는 새로운 품종을 개발할 수도 있습니다. 보조금이 가진 긍정적인 기능이지요.

이번에는 정부 보조금이 가지고 있는 부정적인 기능도 생각해 볼까요? 사람들이 더 많은 보조금을 받기 위해 품질보다는 양을 늘리는 데만 관심을 쏟게 되면 식량의 품질이 떨어져서 비효율적인 생산이 늘어날 가능성이 커져요. 또한 특정 품목에만 보조금이 지급되면 농업 생산이 한쪽으로 쏠려 식재료의 다양성이 떨어지고, 자연스레 우리가 식탁에서 볼 수 있는 식재료의 종류가 줄어들겠죠. 또한 같은 품질의 농산물을 생산하더라도 정부 보조금이 적은 나라의 농민들은 보조금을 많이 주는 나라의 농민보다 국제시장에서의 가격 경쟁력이 떨어져서 손해를 볼 수밖에 없고요.

요약하자면, 식량에 대한 정부의 보조금은 국민의 안정적인 식량 공급에 중요한 역할을 하고 있지만 의도하지 않은 부정적인 결과를 가져올 수 있기에 신중한 결정이 필요합니다. 정부는 보조금 지급의 적절한 균형을 찾아야 하며, 정책의 효과와 부작용을 지속적으로 검토해야 해요.

❷ 환율과 금리

국가 경제의 핵심 요소인 환율과 금리는 식량 생산과 수입에도 큰 영향을 줄 수 있어요. 환율은 각 나라 화폐의 상대적인 가치로, 예를 들어 '미국 돈 1달러를 바꾸려면 우리나라 돈이 얼마가 필요한가?'를 나타낸 수치입니다. 그래서 우리나라 돈의 가치가 내려가면 환율은 올라가고, 같은 물건을 외국에서 사 오기 위해 더 많은 돈을 써야 하죠. 우리나라와 같이 식량뿐만 아니라 비료, 농약 등 농업에 필요한 재료들을 많이 수입하는 나라는 환율이 올라가면 식품 가격도 올라갑니다. 반대로 우리나라 돈의 가치가 올라가면 수출할 때 유리하겠지요.

다음으로 금리는 돈을 빌릴 때 내야 하는 가격이나 비용, 즉 이자를 말합니다. 농민들의 경우, 농사를 시작할 때 은행에서 먼저 돈을 빌려서 필요한 자원들을 구입하는 경우가 많습니다. 그래서 금리가 올라가면 농민들의 부담이 커져서 생산량이 줄어들고 농업을 포기하는 사람들이 늘어날 수 있어요.

환율과 금리가 오르면 실제로 우리가 쓸 수 있는 돈이 줄어들기 때문에 소비 역시 줄어듭니다. 그래서 국가에서는 다양한 경제 정책을 통해 환율과 금리가 급격하게 변하는 것을 방지하고 식량 가격에 미치는 영향을 최소화하기 위해 노력하고 있답니다.

❸ 에너지 정책이 식량 생산에 미치는 영향

농업은 에너지와도 밀접하게 연결되어 있습니다. 농기계를 작동시키거나 작물 재배에 필요한 농약이나 비료를 만드는 데도 많은 양의 에너지가 필요합니다. 가뭄이 왔을 때 물을 공급하는 일이나 홍수가 났을 때 물을 배출하는 일에도 에너지가 들어가며, 수확한 농작물을 운송하는 데도 연료가 필요하지요. 에너지 가격이 비싸지면 농업 생산에 들어가는 비용이 늘어나고, 결국 식품 가격도 비싸지는 거죠. 그래서 환율이나 금리와 마찬가지로 국가의 에너지 정책 방향이 식량 생산과 식량 가격에 영향을 줄 수 있습니다.

현재 국제 사회의 에너지 정책과 관련된 큰 관심사 중 하나는 기후 변화를 억제하기 위해 탄소 배출량을 줄이는 것입니다.

이를 위해 각 나라들은 화석 연료의 사용을 줄이고, 재생이 가능하며 환경에 친화적인 에너지(태양열, 풍력, 수력)의 비중을 늘리고 있어요. 농업에서도 비료를 적게 쓰고 온실가스를 적게 배출하기 위한 다양한 방법을 개발하고 있으며, 그 방법 중 하나로 화석 연료에 비해 온실가스 배출량이 적고 재생이 가능한, 식물을 발효시켜서 만든 바이오 에탄올을 에너지원으로 사용하기도 합니다. 이를 실행하는 대표적인 국가가 바로 미국이에요. 2000년대 초부터 미국은 재생 연료 정책을 추진하면서 옥수수로 에탄올을 만들기 시작했고, 에너지 정책법을 통해 이를 의무적으로 연료에 혼합하도록 했어요. 그래서 미국은 전 세계에서 가장 많은 옥수수를 생산하고 있고, 브라질과 함께 가장 많은 바이오 에탄올을 만들어 공급하는 나라이기도 합니다.

❹ 식량 수입국과 국제 환경

우리나라와 일본과 같이 식량 대부분을 수입하는 나라는 국제 식량 가격, 환율과 금리의 변동, 국제적인 정치 및 경제적 상황 등 다양한 요소에 민감하게 반응합니다. 특히 국제적인 거래 분쟁이나 경제 제재, 기상 재해 등의 사건은 식량 수입에 큰 장애

를 불러와요. 2023년, 세계식량계획 등 유엔 산하 5개 기구는 코로나19 펜데믹으로 세계 굶주림 인구가 1억 2,000만 명이 늘어났다고 추정했지요. 또 앞서 말했듯 2022년에는 러시아·우크라이나 전쟁으로 인해 국제 밀 가격이 크게 오르기도 했어요. 그래서 정부 정책은 다양한 요소들을 종합적으로 고려하여 식량 위기를 최소화할 수 있는 방향으로 나아가야 합니다.

기후 변화를 둘러싼 국제 공조

❶ 2030년, 2050년, 2100년의 시나리오

앞서 2장에서 잠시 얘기했던 '기후 변화에 관한 정부 간 협의체(IPCC)'의 6차 보고서를 보면, 2100년까지 우리가 온실가스를 얼마나 덜 배출할 수 있는가에 따라 다섯 가지 정도의 지구 온도 변화 시나리오가 가능하다고 합니다. 안 좋은 소식과 그나마 다행인 소식이 있는데, 안 좋은 소식부터 먼저 살펴볼까요? 안타깝게도 우리가 할 수 있는 모든 것을 다 하더라도, 거의 모든 시나리오에서 2030년에는 지구의 온도가 산업화 이전 대비 1.5도 더 더워질 것을 예측하고 있습니다. 그리고 만일 지금과 같은 양의 온실가스를 매년 배출하면 2050년에는 2.5~3도, 2100

      식량이 부족한 세상이 온다면

년에는 4도 정도 더 더워질 거라네요. 그나마 다행인 소식은 우리가 힘을 모아 온실가스를 최대한 적게 배출하면 산업화 이전보다 1.5~2도 더 오른 상태를 유지할 수 있다는 점입니다. 지금보다는 조금 더 덥겠지만, 더 이상 나빠지지는 않는 것이죠.

그래서 전 지구적으로 탄소 배출을 줄이기 위한 움직임이 널리 퍼지고 있어요. 석유, 석탄을 적게 쓰고 수소, 전기 등의 친환경 에너지를 더 많이 사용하면 탄소 배출을 줄일 수 있습니다. 요즘 도로에서 전기차와 전기 버스가 더 많이 보이는 이유이기도 해요. 식품과 관련해서는 '푸드 마일리지(생산지에서 소비자까지의 이동 거리)'를 짧게 하여 탄소 배출량을 줄일 수 있도록 나 주변에서 생산된 식재료를 이용하자는 로컬 푸드 운동이 등장했어요. 더 나아가 각 나라들은 '탄소배출권 거래제', '탄소세'를 만들어 기업들이 자발적으로 탄소 배출량을 줄일 수 있도록 했어요. 기술 개발을 통해 에너지와 재료의 낭비를 줄이고 생산 과정과 운송 과정을 단순화시키는 것도 탄소 배출을 줄일 수 있기에, 각 나라들과 기업들은 탄소 배출 감소를 위한 첨단 기술을 개발하고자 많은 노력을 기울이고 있습니다.

로컬 푸드 운동 홍보 자료(출처: 한국에너지공단)

❷ 기후 난민

기후 변화가 진행되면 될수록 우리는 이전에 겪지 못했던 많은 것들을 보게 될 거예요. 남극과 북극을 둘러싼 빙하가 녹아 해수면이 올라가고, 홍수나 가뭄과 같은 재난이 사람들을 덮치거나, 혹독한 더위나 추위로 사망하는 사람들이 늘어나겠죠. 이러

식량이 부족한 세상이 온다면

한 변화로 생활 조건이 열악한 사람들은 생존을 위해 더 나은 기후와 환경을 찾아서 사는 지역을 바꾸거나 다른 나라로 이주하는 경우도 많아질 것입니다. 이들을 '기후 난민' 또는 '기후 변화로 인한 강제 실향민'이라고도 하는데, 세계은행의 보고서는 2050년에 기후 난민의 수가 2억 명을 넘어설 것으로 예측합니다. 유엔 난민 기구와 같은 국제 공동 기구에서 기후 난민을 지원하고 있긴 하지만, 앞으로의 기후 변화는 여러 나라에 영향을 줄 가능성이 매우 높아서 국제 사회 구성원들 간의 더욱 촘촘한 공동 대응이 필요할 거예요.

❸ 자유 무역과 국경의 역할

기후 변화가 눈앞에 이미 와 있는 상황에서 자유 무역은 양날의 검이 될 수 있습니다. 지구상 대부분의 나라들은 세계 무역 기구(WTO)에 가입하여 자유롭게 물건을 사고팔고 있어요. 일반적으로 경제가 성장하고 자유 무역이 활발해질수록 온실가스의 배출은 증가합니다. 앞에서 우리가 다뤘던 '푸드 마일리지'를 떠올려 보면 쉽게 이해할 수 있을 거예요. 또 중국이나 인도, 베트남, 동남아시아와 같이 노동력이 저렴한 나라는 여러 글로벌 기업의 생산 중심 기지가 되어 이전보다 더 많은 온실가스를 배출할 수 있지요. 그렇지만 자유 무역은 재생 가능한 에너지 기술과 지속 가능한 농업이 더욱 확산할 수 있도록 하는 순기능도 가지고 있습니다. 여기에 환경 관련 국제 무역 조항을 더하거나 나라별로 환경 친화적인 제품과 서비스에 인센티브를 제공한다면 기후 변화 억제를 위한 노력을 더 끌어낼 수 있을 거예요.

자본주의와 식량 산업

❶ 새로운 종자와 지식재산권

세계 대부분의 나라에서 채택하여 활용하고 있는 자본주의를 빼놓고 식량 산업을 이야기할 수 없겠죠? 식량 분야에서 과학 기술의 발전은 매우 중요한데요. 식량 산업 관련 과학 기술이 발전하려면 과학자와 개발자들이 이룬 성과에 대한 권리를 지켜주고 육성해야 합니다.

바로 이 부분에서 세계적인 자본주의 질서에 따른 지식재산권을 확보하고 보호하는 것이 매우 중요합니다. 특허를 비롯한 지식재산권은 발명자의 권리와 수익을 보호하기 때문에 혁

식량이 부족한 세상이 온다면

신적이고 새로운 기술이 더 많이 개발될 수 있도록 도움을 줘요. 이를 통해 수확량이 더 많고 병충해와 기상 재해에 잘 견디는 작물과 재배 방법 및 기술이 발명된다면 우리는 식량 위기에 조금 더 유연하게 대처할 수 있을 거예요. 식량 산업에서의 지식재산권에는 신기술 외에도 연구를 통해 새롭게 개발한 동식물에 대한 생물특허권과 품종보호권이 포함되어 있습니다.

그중에서도 국제식물신품종보호연맹(UPOV) 협약에 가입한 국가들은 새로운 특징을 가진 식물 품종을 만들어 냈을 때 '품종 보호권'이라는 특별한 권리를 얻을 수 있어요. 한 예로 품종 보호권을 획득한 신품종 벼를 소개해 볼게요. 기후 변화와 식량 위기를 극복하려는 노력으로 저희가 속해 있는 식량 작물 육종 연구실에서 개발한 벼입니다.

기후 변화로 해수면이 상승하면 바닷물의 염분에 피해를 입은 토양이 늘어납니다. 그럼 그 토양에서 자라던 식물에는 어떤 일이 벌어질까요? 식물이 더 이상 살 수 없겠지요? 우리가 뜨는 미역국의 염도는 대략 0.8%인데, 대부분의 식물은 0.6%의 염분 토양에서 생존하기 힘들다고 해요. 다음 쪽에 나오는 사진 속 벼는 기후 변화에 대응하여 개발된 품종 중 하나입니다. 염

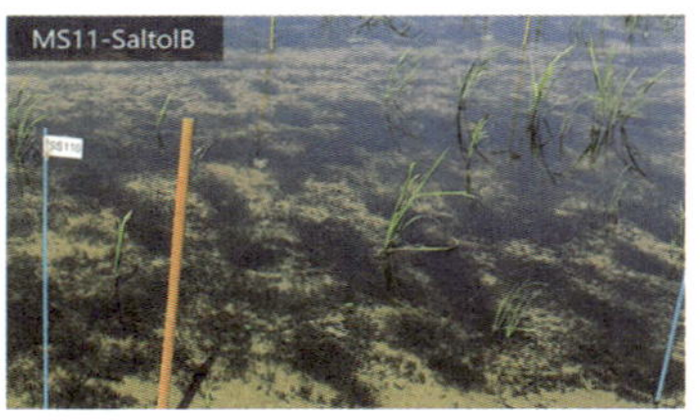

염분이 1.2%가 넘는 간척지에서도 생존하는 벼(왼쪽 사진)입니다. 오른쪽 사진 속의 다른 품종의 벼들은 살아남지 못했죠. 해수면이 상승하더라도 간척지 지역에서 식량을 생산하는 것에 도움을 줄 것으로 기대됩니다 (출처: 한재혁 외, 〈Plant Breeding and Biotechnology〉(2020)).

분 1.2%의 간척지 토양에서 생존도 힘들 텐데 쌀알이 여물기까지 하다니 대단하지요? 이러한 품종은 향후 우리나라의 간척지 지역 식량 생산에 도움을 줄 수 있을 거예요.

그리고 식량을 생산할 때 온실가스를 줄이려면 질소와 인산 등의 비료 사용량과 물의 양도 줄여야 합니다. 그렇게 물과 비료를 줄이는 농사법을 '탄소 중립 농법'이라고 하는데 앞으로 유럽과 미국, 중국 등 거의 모든 나라에서 탄소 중립 농법으로 생산된 식량만 수입할 것이라고 합니다. 자기 나라에서 생산하는 식량도 물론이고요. 우리 연구실에서는 물의 양을 필요량의 80%로 줄이고 인산 비료를 반으로 줄여 봤는데요. 그렇게 했을 때도 생산량이 거의 차이 나지 않는 벼 품종을 개발할 수 있었어요. 세계적으로 인산의 중요 원소인 인(P)의 사용이 급격하게

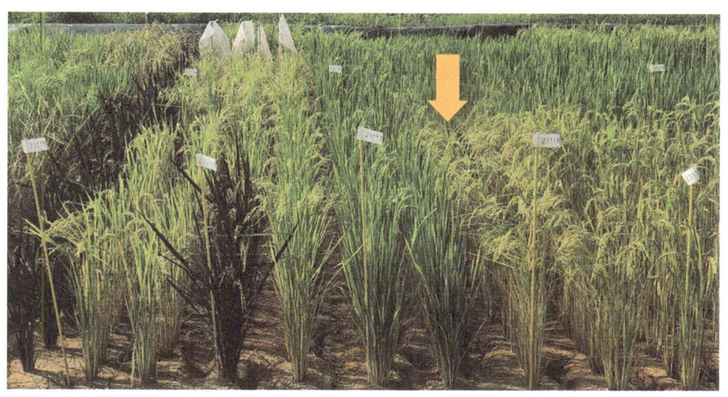

식물 생장에 필수적인 '인'의 양을 반으로 줄이고 물의 양을 80%로 재배해도 같은 양의 쌀을 생산하는 새로운 품종은 탄소 중립 농업에 도움을 주는 벼가 될 것입니다 (출처: 진중현 등, 발표 예정).

증가하면서 그 가격도 폭등하고 있습니다. 왜냐하면 인은 현대인의 생활에 필수적인 LED나 배터리 등에도 엄청나게 많이 쓰이거든요. 온실가스도 줄이고 생산량도 늘리는 벼 품종을 만드는 것이 왜 중요한지 알겠죠?

❷ 종자 주권

여기서 잠깐! 여러분은 혹시 '종자 주권'이라는 말을 들어 본 적 있나요? 종자를 뺀 '주권'에 대해서는 잘 알고 있지요? 외국에 의존하지 않고 우리나라의 일을 스스로 결정할 수 있을 때 우리

는 주권을 가지고 있다고 말합니다. 종자, 즉 씨앗 또한 국가나 지역 사회가 고유의 종자를 가지고 외국에 의존하지 않으면서 종자를 개발하고 사용할 수 있으면 종자 주권을 가졌다고 할 수 있습니다. 각 나라들은 종자 주권이 있어야 식량과 농업에 대한 독립성을 가질 수 있고, 우리에게 가장 잘 맞는 농업 정책을 통해 원하는 식량을 마음껏 생산할 수 있어요. 만일 종자 주권이 흔들린다면 우리나라의 식량 생산도 외국에 의해 결정되는 경우가 더 많아지겠죠.

전 세계 농업 시장은 여러 국가를 대상으로 사업하는 다국적 기업들 위주로 움직이고 있습니다. 이들은 전 세계 각 나라에 종자, 비료, 농약 등을 공급하고 있으며, 자신들의 시장 점유율을 늘리고 이익을 높이기 위해 다양한 전략을 사용하고 있어요. 다국적 기업들은 거대 자본력을 투자하여 우수한 종자를 만들고 농업 생산량을 증가시키는 좋은 역할을 담당하고 있으나, 때로는 지식 재산권을 독점하고 불공정 거래를 통해 개발도상국이나 농부들의 종자 주권을 침해하는 나쁜 역할을 할 때도 있어요. 더구나 다른 사람들이 자유롭게 이 기술을 쓰지 못하도록 만들기 때문에 필요한 기술이나 제품이 전 세계로 확산하는 것

   식량이 부족한 세상이 온다면

을 방해하기도 하죠.

　이로 인해 식량 가격이 상승하거나 식량이 부족해지면 누군가에게는 생존의 위협이 되지만, 다국적 기업에게는 오히려 더 큰 이익을 얻는 기회가 되기도 합니다. 다국적 농업 기업이 식량 값 상승의 주범으로 지목되고 인류적 재앙 앞에서 폭리를 취한다는 비판을 받기도 하는 이유가 바로 여기에 있지요. 마찬가지로 국제 시장에서 싼값에 곡물을 사들여서 비싼 값에 팔아 이익을 얻는 '곡물 투기' 역시 식량 위기를 부추긴다는 지적이 있습니다. 투기 자본은 식량 가격을 불안하게 하고 양극화를 부추겨 가난한 사람들이 더욱 식량을 사기 어렵게 만들어요. 식량 투기가 심해지면 식량 수입국의 경제에 부정적인 영향을 미칠 수 있으며, 이것이 기후 변화의 영향과 합쳐지면 더욱 심각한 식량 위기를 불러올 수 있습니다. 따라서 국제적인 협력을 통한 투기 방지와 투명한 시장 운영이 중요합니다.

　지금까지 소득 수준, 정부 정책, 국제 관계, 자본주의가 식량 위기와 기후 변화에 어떤 영향을 주는지 살펴보았습니다. 식량 산업은 각 나라 간에 긴밀히 연결되어 있고 기후 변화에 민감하게 반응하기 때문에 여러 가지 요소들과 복잡하게 얽혀 있다는 것, 이제 알겠지요? 그렇다면 식량 위기 문제에서 우리가 할 수 있는 역할에는 무엇이 있을까요? 다음 장에서는 식량 위기에 대응하는 여러 가지 방법들을 살펴보겠습니다.

식량 위기에서
살아남기

4

식량 부족은 단순히 누군가의 잘잘못으로 일어나는 것이 아니며, 인류 역사에서 종종 일어났던 사건입니다. 과거부터 현재까지도 먹을 것을 구하지 못해 고통스러운 사람들의 사례는 많습니다. 과거 우리나라도 마찬가지였어요. 물론 지금 우리나라에도 식량을 제대로 얻지 못해 힘든 사람들이 존재합니다. 그러나 '식량 위기'에 대한 이야기는 개개인의 '굶주림'을 말하기보다는 인류 또는 각 사회가 적절하게 좋은 품질의 식량을 필요한 만큼 제대로 공급하지 못하는 것에 대한 차원에서 이해해야 합니다.

그러므로 식량 위기는 우리 사회, 국가, 국제 공동체가 이 문제를 어떻게 보느냐에 따라 크게 달라집니다. 우리 개개인은 사회 공동체의 한 사람으로서 식량 위기가 발생하지 않도록 좋은 정책을 만드는 정치인을 민주적인 절차에 따라 선출할 수 있습니다. 또 여러분이 성장하여 식량 문제를 해결하는 전문가나 과학자가 되어 큰 기여를 할 수도 있죠.

우리의 미래에 곧 닥쳐올 문제이니만큼, 이제는 식량 위기 문제를 어떻게 바라보고 대응해야 할지 여러 관점에서 자세히 살펴 볼 필요가 있습니다. 그럼 식량 위기를 대하는 가장 큰 관점부터 차근차근 이야기해 볼까요? 가장 먼저 '세계'의 관점, 이

어서 '우리나라'의 관점, 마지막으로 '이웃'과 '나'의 관점에서 생

각해 볼 거예요.

식량 위기 문제는 세계 관점으로부터 나의 관점까지 두루 살펴야 합니다.

                                                        식량이 부족한 세상이 온다면

1 세계 관점에서 바라보기

식량 위기가 일어나는 이유는 다양합니다. 인구가 늘어나면서 자원과 물이 부족해지고, 에너지 사용이 늘어난 것 등을 들 수 있어요. 인구가 늘어나는 만큼 식량도 충분히 생산된다면 문제가 없겠죠? 그러나 식량은 땅의 크기와 이용 효율, 식량 생산을 위한 과학 기술의 발전이나 무역을 포함해 원활한 공급 등의 요소에 큰 영향을 받습니다.

과학 기술의 발전으로 탄생한 화학 비료와 농약을 과다하게 사용하면서 생산량을 중시하는 농업이 발달하자, 인구는 더 많이 증가하고 세계는 더 빠르게 산업 사회로 발전합니다. 산업 사회를 맞이한 세계는 이산화탄소, 메탄, 아산화질소를 포함한 엄청난 양의 온실가스를 배출하게 되었지요. 온실가스가 기후 변화의 중요한 원인이라는 것은 사실 아레니우스(Svante Arrhenius) 박사에 의해 1900년대 초에 처음 알려졌습니다. 이후에 기후 변화의 중요성을 알린 미국 부통령 출신 엘 고어(Al Gore)를 비롯한 여러 과학자들 공동의 노력으로 보고서를 제출한 '기후 변화에 관한 정부 간 협의체(IPCC)'가 2007년에 노벨 평화상을 수상했습니다. 이후, 많은 과학자가 기후 변화를 향후 식량 생산에 영향을 미치는 가장 큰 원인 중 하나로 확신하게 되었어요.

기후 변화로 기온이 상승하면 세계 인구의 절반 정도가 주식으로 애용하는 쌀의 심각한 생산량 감소가 예상됩니다. 고온 스트레스로 인해 벼꽃이 피어 수분이 되고 쌀알이 영에 충실히 채워지고 여무는 것에 어려움이 생겨 수량이 떨어지기 때문이지요. 20년쯤 뒤인 2050년대에는 꽃이 피는 시기에 찾아오는 고온 때문에 벼꽃의 쌀이 여무는 비율이 절반가량으로 줄어 정상적인 쌀알은 반도 안 될 것으로 예상된다고 해요. 결국 2090년대에는 우리나라의 1970년대보다 못한 쌀 생산성을 갖게 된다고 하니 정말 큰일이죠?

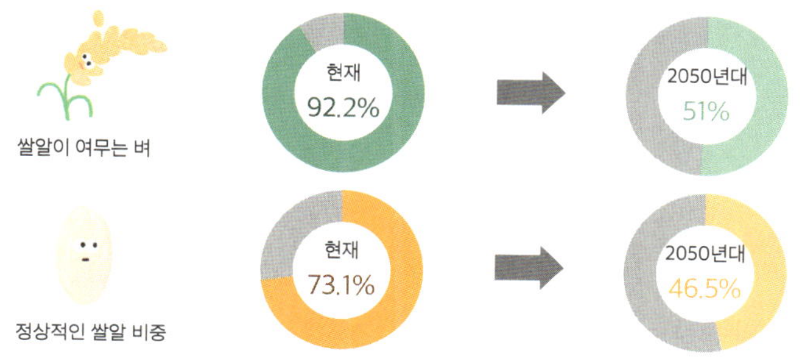

기후 변화가 우리의 식량 안보를 위협하고 있습니다. 우리가 온실가스를 감축하려는 노력을 하지 않으면 쌀 생산량은 줄어들 것입니다(출처: 국립식량과학원).

우수한 품종을 개발하기 위한 과학자들의 노력

그렇다 보니 과학자들은 무엇보다도 기후 변화에 대응하여 생산량과 품질이 우수한 작물을 열심히 개발하고 있습니다. 우리의 식사는 쌀밥과 같은 곡물, 반찬 그리고 후식과 간식 등으로 이루어져 있어요. '충분한 건강 식사'를 하려면 우리 몸에 필요한 에너지와 영양 균형을 함께 생각해야 합니다. 에너지는 주로 탄수화물, 단백질, 지방으로 꼽히는 3대 영양소를 통해 공급받지요. 그리고 다양한 식품을 섭취하며 영양의 균형이 잡힌 식사를 할 수 있어요. 이중에서 보통 '식량'이라고 하면 열량을 만드는 음식 재료를 말하며, 결국 이것들은 모두 곡식에서 유래합니다. 따라서 곡식을 '식량작물'이라고도 하지요.

곡식은 밥, 빵, 과자, 떡 등으로 만들어 직접 먹거나 동물의 사료로 쓰여서 고기로 먹었을 때 단백질 소재로 바뀌어 우리 몸에 섭취되기도 합니다. 요약하자면 곡식은 탄수화물, 단백질, 지방 섭취에 매우 필수적인 것이죠. 그래서 이 책에서는 주로 곡식에 맞춰 이야기하려 해요.

품종을 개발하는 사람들을 '육종학자'라고 합니다. 이들은 곡물의 생산량을 증가시키기 위해 기후 변화 때문에 생길 수 있는 다양한 스트레스에 강한 식물 종자를 개발하죠. 홍수, 가뭄, 고온, 비료 부족, 염분(소금기)에 강한 식물을 개발하여 곡물이 생산되는 넓은 논밭에서 잘 자라는 종자를 만드는 거예요.

그럼 도대체 얼마나 더 생산량을 늘려야 하는 걸까요? 지금도 매년 1%씩 전 세계 식량 생산 효율은 증가하고 있지만, 늘어나는 인구를 생각해 보면 1.2~1.5% 정도가 더 필요합니다. 생산 효율을 높이는 가장 중요한 방법이 바로 새로운 종자를 개발하는 거예요. 왜냐하면 세계 곳곳의 농민 모두에게 새로운 재배 기술과 재배 환경까지 갖추게 하는 것에는 너무나 큰 비용이 들기 때문이죠.

과학자들은 한편으로 다양한 스마트 융복합 기술로 생산성을 늘리려 합니다. 식물 공장을 만들거나 오래된 건물 또는 아파트 등에서 식물을 생산하는 방법도 있어요. 왜냐하면 갈수록 사람들이 도시에 집중되어 살고, 농민의 수는 많이 줄어들기 때문이지요. 더욱이 채소나 허브 같은 식물들은 인공적인 빛을 사용하거나 온도와 습도 조절, 영양분 공급 시스템을 공학적으로 설계하고 인공지능을 활용해 최소한의 노동력과 자원으로 최대 생산을 할 수 있습니다.

최근에는 생명공학의 발전으로 유전체를 설계할 수 있는 시대가 되었습니다. 유전체란 어느 생물의 생명 현상을 설명하는 유전자와 염색체의 정보를 말하는 것으로, 인공지능이 유전체를 새롭게 디자인하고 합성하여 평가와 선발을 할 수 있는 '합성생물학'이 등장했거든요. 생물을 다양하게 맞춤형으로 대량 생산할 수 있는 시대가 열리게 되었습니다. 미래에는 식량의 원료가 되는 작물, 동물, 미생물 등에 함유된 영양분을 더 많이, 더 좋게, 더 유용하고 값싸게 생산하면서도 기후 변화의 원인이 되는 온실가스의 배출을 최소화하는 생물을 개발하는 것이 중요한 목표가 될 것입니다.

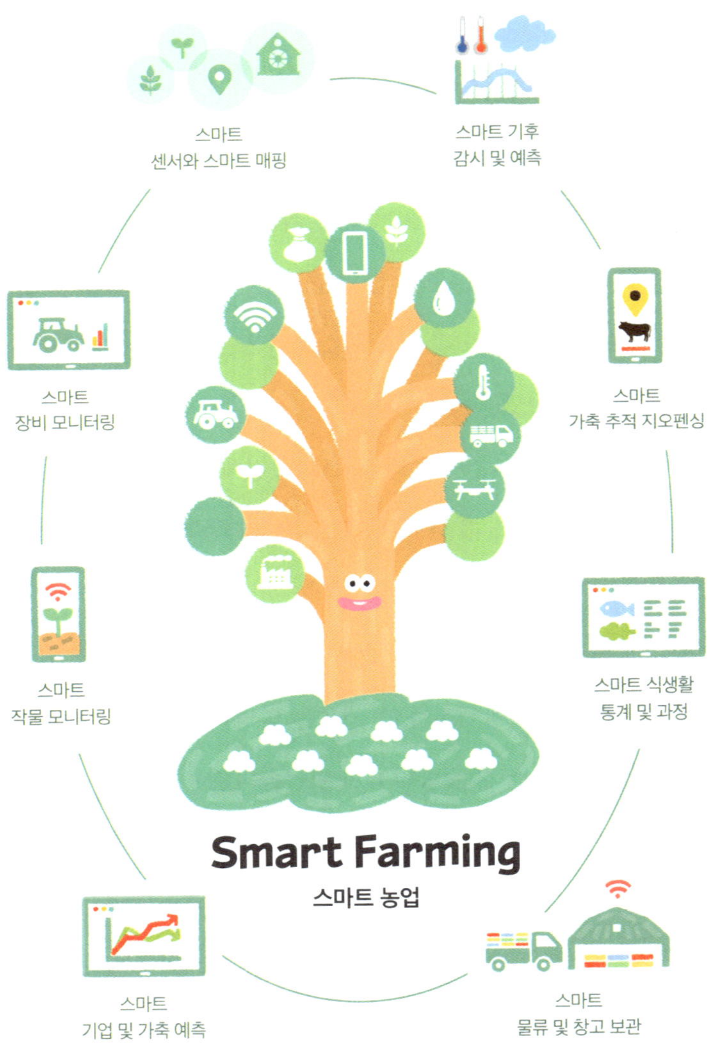

스마트 농업의 요소

식량이 부족한 세상이 온다면

식량 문제 해결을 위해 고려해야 할 기후 변화

기후 변화는 우리 인류가 처한 여러 가지 문제 중 하나입니다. 앞에서도 언급했지만 2019~2021년에 코로나19 바이러스 대유행을 겪었지요. 이 영향으로 세계 경제는 엄청난 불황에 빠졌습니다. 그러나 기후 변화는 인류에 그보다 더 거센 위협이 되고 있고 우리의 생존 문제에 영향을 주고 있습니다.

2030년까지 산업화 이전 수준보다 지구 온도 1.5도 상승을 제한하는 국제 사회의 목표에도 불구하고, 2027년에 1.5도 상승을 넘어설 것으로 예상됩니다. 기온 상승을 막기 위한 온실가스 배출 노력이 어려웠다는 의미지요. 팬데믹으로 세계 경제가 불안해지자 기후 변화는 뒷전이 되어 각 국가의 경쟁이 더 심해졌고, 급기야 러시아우크라이나 전쟁, 중동 지역의 전쟁 등이 발발하여 '세계의 곡창 지역'인 우크라이나에서 곡물과 식량 수송이 어렵게 되었어요.

세계적으로 식량의 이동 방향이 고정된 것도 문제입니다. 자기 나라에서 생산되고 소비되는 식량이 있는 반면, 특정 국가에서 대부분 생산되는 식량도 있거든요. 밀은 주로 러시아와 우크라이나에서, 콩은 미국과 남미에서, 옥수수는 미국, 브라질,

중국 등에서 많이 생산됩니다. 그리고 선진국들은 이 곡물들을 손쉽게 많이 수입하지만, 가난한 개발도상국들은 적게 생산할 뿐만 아니라 수입하는 것조차 어렵죠.

그런데 이렇게 식량과 식품을 수입하는 과정에서 식품에 함유된 물과 질소, 인 등 원소도 수입하게 됩니다. 그렇다 보니 결국 이 원소들이 한쪽에는 지나치게 많고, 다른 쪽에는 계속 모자란 상황이 생길 수 밖에 없습니다. 우리나라는 곡물의 수입 의존도가 77%(2019년 기준)에 달하다보니, 엄청난 양의 질소와 인을 수입한 셈입니다. 앞서 말했듯 특히 인은 '녹조 라떼'라고 도 불리는, 호수와 하천에서 미생물과 조류(algae)가 늘어나는 '녹조 현상'을 일으키는 주요 원인이 됩니다. 이것은 세계 식량 문제를 더욱 심화시킵니다. 한쪽은 계속 비료가 모자라서 생산 을 잘 못하고, 다른 한쪽은 비료가 너무 많이 남아 환경오염을 일으키니까요.

한편 기후 변화가 극심해지면 작물들은 원래 자라던 지역 에서 다른 지역으로 이동해야 합니다. 생물 다양성도 위협을 받 겠지요? 실제로 기후 변화에 따라 많은 작물이 북쪽으로 이동 했다고 합니다. '대구 사과'는 옛말이 되어 지금은 '포천 사과'가

　　　　　　　　　　　　　　　　　　　　　　　　식량이 부족한 세상이 온다면

되어야 하고, '보성 녹차'는 '고성 녹차'가 되어야 할 상황입니다. 우리가 전통적으로 즐겨 먹던 과일뿐만 아니라 많은 동식물의 생존 지역이 바뀌겠지요. 그렇다면 식량 생산 방법이나 재배 동식물의 종류를 바꿔야 하는데 이조차 쉬운 일이 아닙니다. 더욱이 병해충도 따라서 이동하면서 또 다른 식량 감소의 이유가 될 거예요. 그러나 한편으로는 열대 농산물을 재배할 수도 있는 만큼, 우리의 식생활을 좀 더 유연하게 바꾼다면 다양한 식사를 즐길 수 있습니다.

2 우리나라 관점에서 바라보기

'식량이 모자랄까'를 이야기할 때는 '세계의' 또는 '우리 인류의' 식량이 부족한 것인지, '우리나라의' 식량이 부족한 것인지를 구분해야 더 분명하게 설명하고 이해할 수 있습니다.

앞에서 이야기한 것처럼 세계 전체는 총 식량 생산량이 소비량보다 늘 1~2% 수준 모자란 것으로 추측합니다. 전체 생산량과 필요한 소비량을 실제로 측정하는 것은 불가능하기에 다양한 방법으로 추측하는 거죠. 그런데 사람들은 단순히 생산량과 소비량이 비슷할 거라 보고 식량이 충분하다고 여기기도 합니다.

여기서 잠깐, 이런 질문이 생길 거예요. 왜 미리미리 식량을 충분히 만들어 놓지 않는 것일까요? 의외로 많은 사람이 식품은 만들자마자 부패하기 시작한다는 사실을 잊고 있는 것 같습니다. 모든 식품, 심지어 생물 원료를 이용하는 화장품에도 '유통기한'과 '유효기한'이 있지요. 상품이 만들어지고 그것이 생산자에서 소비자의 손에 이르기까지 어느 기간만큼 인정하느냐로 측정한 것이 유통기한이고, 실제 사용할 수 있는 기한은 유효기한이라고 합니다. 하여튼, 모든 농식품은 다 부패하기 때문에 별도의 비용을 지불하고 저장 시설을 활용하지 않으면 먹을 수 없게 되죠. 따라서 농민과 사업자들은 절대로 많은 식량을 미리 만들 수 없어요.

더욱이 모든 나라가 식량을 똑같이 생산할 수는 없습니다. 아프리카와 아시아, 중앙아메리카, 남아메리카의 많은 나라들은 식량 생산량이 인구에 비하여 매우 부족하고, 또 늘어나는 소비량을 감당하지 못해 대부분을 수입합니다. 보통 '선진국'이라고 불리는 많은 나라들은 식량 공급을 위해 정책과 국제 무역을 활용하여 좋은 상태를 유지합니다. 이들은 '식량안보지수'가 높은 나라라고 볼 수 있습니다.

식량이 부족하다고? 다양한 식품이 필요해!

그럼 우리나라는 어떨까요? 우리나라는 필요한 식량의 많은 부분을 수입합니다. 국민 소득이 2020년 기준 3만 5,000달러에 달해 경제적으로 풍족한 우리나라 사람들은 1인당 열량 섭취량이 좋은 편입니다. 2021년 기준으로 남자는 2,129kcal, 여자는 1,576kcal라고 해요. 열량 섭취량은 2012년의 값과 비교하여

주요 식품 1인당 연평균 공급량 *단위:kg

	1980년	2019년
곡류(쌀 포함)	185.0	133.2
쌀	132.9	70.0
감자·고구마 등 서류	22.5	11.6
콩 등 두류	9.7	8.1
육류(쇠고기 등 포함 전체)	13.9	68.1
쇠고기	2.6	12.6
돼지고기	6.3	27.4
닭고기	2.4	16.2
계란	5.9	10.8
우유류	10.8	71.0
어패류	22.5	42.3
채소	120.6	144.9
과일	16.2	39.9
설탕류	10.3	24.4
유지류	5.0	27.5

지난 40년 동안 우리나라 사람들의 식단은 어떻게 변했을까요?(출처: 한국농촌경제연구원)

식량이 부족한 세상이 온다면

오히려 약간 줄었는데, 탄수화물 섭취를 줄이고 단백질의 섭취를 더 늘렸기 때문이에요.

경제적으로 풍요로운데 열량이 줄어들고 있다는 것은 1kcal의 열량을 섭취하기 위해 더 많은 비용을 지불하고 있다는 의미입니다. 실제로 그래프에서 1980년과 2019년의 우리나라 식품 1인당 연평균 공급량을 보면, 쌀과 곡류 등 탄수화물은 줄고 고기와 우유를 포함한 단백질, 설탕과 유지류, 과일 등을 포함한 간식과 후식이 많이 증가한 것을 볼 수 있죠.

이렇게 생각해 보면 '식량이 모자라다'라는 말은 맞지 않는 것 같습니다. 오히려 '원하는 식량을 원하는 때에 충분히 공급하지 못할 수 있다'라는 말이 더 정확하죠. 우리는 과거보다 더 다양한 식품을 원합니다. 따라서 외국에서 더 많은 식품을 수입하고 있어요. 그 이유로는 다양성 이외에 '가격'적인 측면도 있습니다. 우리나라는 경작지가 작고 농민의 수도 줄어 인건비가 증가하고 있는데, 특히 곡물이나 과일처럼 큰 농지를 사용하는 농업의 경우에 외국에서 생산한 것이 훨씬 쌀 수 있습니다. 따라서 경제가 성장할수록 자연스럽게 수입량이 늘 수밖에 없겠죠.

또 최근에는 식품에 대한 사람들의 기대치가 단순히 에너지를 얻는 것에 만족하지 않는데요. 육식을 하지 않고 채식을 주로 하는 것을 '비건(Vegan)'이라고 하는데, 우리나라 국민의 75%가 이미 비건의 정의를 알고 있으며 절반이 넘는 사람들이 비건 식생활 경험이 있다고 합니다. 비건이 늘어나는 이유는 채식을 하면 다이어트뿐만 아니라 삶이 건강해지고 더 좋은 사회가 된다고 믿기 때문입니다.

이렇듯 요즘 소비자들은 다양한 가치를 추구하며, 이러한 경향은 우리의 식생활과 생산되는 식품의 종류에도 영향을 미칩니다. 사람들은 자신뿐만 아니라 사회가 더 안전하고 건강하며 환경 보존에 도움이 되길 기대하거든요. 이미 우리나라 사람들 대부분이 '인류애'와 '국제적 공조'의 관점에서 식생활을 꾸려 나가는 가치가 점점 더 커지고 있다는 뜻입니다.

허문회 박사가 이룬 '녹색 혁명'

1970년대 이전까지만 해도 우리나라는 세계적으로 경제 수준이 낮은 나라였습니다. 충분한 식량을 국민에게 공급하는 것이 국가의 중요하고도 절대적인 의무였죠. 당시 대통령이었던 박정희 대통령은 농촌진흥청 등 중요 농업 기관에 많은 곡식을 맺

단립종   장립종

단립종(자포니카쌀)은 장립종(인디카쌀)에 비해 짧고 둥근 모양입니다. 자포니카쌀은 인디카쌀에 비해 더 찰지며 윤기가 나요.

게 하는 '다수확' 품종을 만들라는 특명을 내리고 집중적으로 관리했다고 합니다.

마침 필리핀의 국제벼연구소에 방문했던 서울대학교 허문회 교수가 벼의 키를 작게 만들어 쓰러지지 않게 하는 유전자 *sd1*을 활용한 'IR8'이라는 긴쌀(장립종, 열대 인디카)을 바탕으로, 우리나라에 적합하면서도 많은 쌀을 생산하는 새로운 종자를 개발했어요. 여기서 IR8은 우리가 즐겨 먹는 쌀인 '단립종(자포니카쌀)'과 달리 열대지방에서 주로 자라는 '장립종(인디카쌀)'을 말합니다. 허문회 교수는 인디카를 일본에서 꽃이 빨리 피는

‘유카라(Yukara)’라는 벼와 교배하면 우리나라에 적응하는 종자를 개발할 수 있다고 생각했지요.

그런데 유카라와 인디카를 교배하여 만들어진 식물은 씨앗을 맺지 못하는 ‘불임’이 되었어요. 불임과 관련된 유전자가 관여하는 생물학적 현상 때문에 아무리 재배를 잘해도 극복할 수 없었습니다. 그래서 이 불임을 극복할 다리 역할을 하는 중간적인 벼를 찾아 개발 중간 과정에서 활용했는데, 지금의 대만 지역에서 유래한 ‘타이충 재래벼 1호(Taichung Native 1)’를 활용하는 혁신적인 방법인 ‘삼원교잡법’을 이용하여 드디어 ‘IR667’이라는 신품종 후보를 만들었습니다. 이후 우리나라 농촌진흥청이 이를 이어받아 품종화에 성공했고 ‘통일’이라는 이름의 새로운 종자가 개발되었죠.

이때를 우리나라의 ‘녹색 혁명’ 시대라고 하는데요. 인도의 펀자브 지역에서 장립종을 이용한 열대 지방의 녹색 혁명이 일어났다면, 우리나라는 한 단계 더 과학적으로 발전시킨 온대 지방에서의 녹색 혁명을 이루게 된 셈입니다. 이후 ‘통일’ 품종처럼, 장립종과 단립종을 조합한 ‘통일계’ 품종들이 우리나라 농촌진흥기관들의 노력으로 많이 개발되었어요.

그런데 여기서 한 가지 질문! 우리나라의 곡물 또는 식량을 우리나라에서 생산 및 소비하는 비율을 '자급률'이라고 합니다. 우리나라는 1970년대만 해도 매우 가난했으니, 식량 자급률이 낮았을까요? 그런 착각을 하는 사람들이 많을 거예요. 그러나 식량 자급률은 오히려 옛날이 훨씬 더 높았습니다. 100%인 적도 있어요. 더 풍요롭게 먹고 있는 것 같은 요즘에 식량 자급률이 더 낮다는 것은 우리에게 시사하는 바가 큽니다. 과연 잘 먹고 잘 살기 위하여 식량 자급률을 반드시 높여야 하는지에 대해 다시 생각해 보아야 하죠.

옛날에는 우리나라 사람들 대부분이 농민이었고 외국의 농산물이 무척 비쌌기 때문에 사서 먹기가 힘들었습니다. 저의 경우 1980년대에 초등학교(당시에는 '국민학교'라고 했어요)를 다녔는데, 지금은 흔한 바나나도 부잣집에서나 먹을 수 있었거든요. 이때에는 식량 문제를 해결하기 위해 쌀의 생산량을 높이는 일에 집중했습니다. 각 가정에서 먹는 음식의 종류 역시 다양하지 않았고요. 지금 여러분은 밥과 김치만 먹어야 한다면 말도 안 된다고 생각하겠죠? 우리가 원하는 식품의 다양성이 커진 까닭이지요. 하지만 이 많은 식재료를 우리나라에서 모두 생산하기

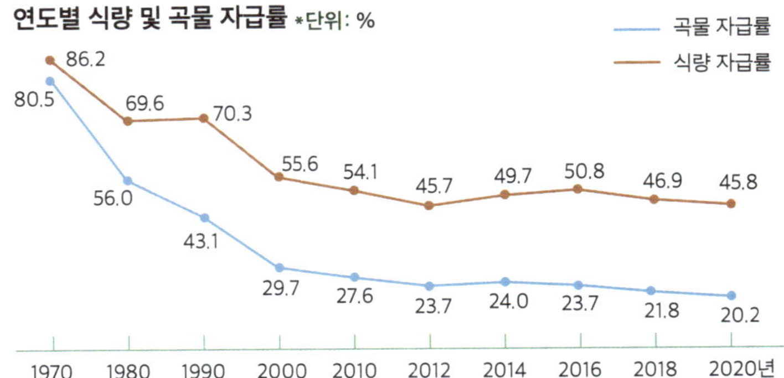

2022년 세계식량안보지수(GFSI) *100이 최고점수

순위	나라		총점
1	핀란드		83.7
2	아일랜드		81.7
3	노르웨이		80.5
4	프랑스		80.2
5	네덜란드		80.1
6	일본		79.5
7	캐나다		79.1
8	스웨덴		79.1
9	영국		78.8
10	포르투갈		78.7
11	스위스		78.2
12	오스트리아		78.1
13	미국		78.0
⋮			
23	UAE		75.2
25	중국		74.2
28	싱가포르		73.1
30	카타르		72.4
39	한국		70.2

연도별 식량 및 곡률 자급률(자료:국회예산정책처)과 2022년 세계식량안보지수(자료:이코노미스트 인텔리전스 유닛(EIU))

는 어렵습니다.

식량 자족을 위한 노력

정리하자면, 이제는 모든 식량을 자급하는 것보다 얼마나 원활하게 식량 공급을 잘할 수 있냐는 '식량의 자족(self-sufficiency)'이 더 중요한 개념이 된 것 같아요. 세계식량안보지수의 2022년도 자료를 보면 우리나라는 70점 수준으로 39위에 불과합니다. 그런데 이상한 데이터가 눈에 띄는데요. 1위가 핀란드, 2위가 아일랜드 등인데, 절대로 농식품 생산량이 많은 나라로 보이지 않거든요. 싱가포르는 식량의 90%를 외국에서 수입하는 나라임에도 우리나라보다도 순위가 높습니다. 왜 그럴까요? 잘사는 나라일수록 농민의 수가 줄고 자국의 농업 규모도 상대적으로 작아질 수밖에 없습니다. 식량의 자체 생산력을 확보하거나 외국에서 원활한 수입을 하는 등 다양한 방법으로 확보하는 전략이 있어야 하는 것이죠.

선진국들처럼 식량을 잘 확보하려면 우리나라는 어떤 능력을 키워야 할까요? 우리는 이제 농식품 무역과 식량의 수출과 수입까지 모두 고려해야 합니다. 우리나라는 땅이 좁아 자원이 적다는 이야기를 많이 들었을 거예요. 그래서 훌륭한 기술력을 갖춘 인재를 많이 양성했습니다. 그리고 좋은 상품을 많이 만들기 위해서 좋은 원료를 수입하고 가공하여 외국에 비싸게 팔아 훌륭한 산업 국가가 되었지요. 우리나라는 이와 같은 '가공 무역'이 산업 발달의 중요한 부분을 차지합니다.

국제적으로 중요한 경제 국가로 성장한 우리나라로서는 우리에게 싼 것은 수입하고 비싼 것은 수출하는 '무역'에 대해 다시 생각해 봐야 합니다. 우리가 잘 생산하는 식량은 외국에 수출하고 모자란 식량은 값싸게 수입하되, 이것을 다가올 식량 위기 극복을 위한 '전략'으로 활용하는 것이죠. 예를 들면 우리나라는 쌀이 남는다고 하죠? 우리나라 농민은 세계 어느 나라 농민보다도 1인당 쌀 생산량이 많습니다. 그렇다면 수출용 쌀을 더 많이 생산하여 외국에 팔고 우리에게 필요한 밀과 옥수수, 콩, 기름 등을 싸게 살 수 있는 거래의 방법으로도 활용할 수 있을 거예요. 식량 위기 상황에서 돈의 가치가 식량의 가치보다 크지 않을 테니까요. 마치 팬데믹 상황에서 겪었던 마스크 대란처럼요. 서로 친한 나라끼리는 식량 부족 시에 서로 돕는 방법이 있는데, 실제로 그런 정책인 '식량 스와핑(swapping)'을 활용할 수도 있답니다.

          식량이 부족한 세상이 온다면

3 나와 이웃 관점에서 바라보기

여러분, 여기까지 오느라 정말 수고 많았습니다. 이제 우리가 할 수 있는 것이 무엇인지 이야기해 볼까요? 식량 위기는 말 그 자체로도 어렵게 느껴지지만, 쉽게 이해되지 않는 면이 있습니다. 왜냐하면 일단 '위기'라고 생각하기에는 우리가 너무 잘 먹고 있는 것 같거든요. 못 먹는다는 걱정보다는 너무 많이 먹어서 문제니까요. 2020년 국민건강영양조사 결과에 따르면 우리나라 성인 비만율은 남자가 48%, 여자가 27.7%로 나타났다고 해요. 더욱이 60대 여성에게서 비만율이 가장 높았다고 하니 노인 비만율도 유심히 봐야 할 것 같아요. 청소년들의 비만율 역시 온라인 실태 조사를 한 결과, 남학생은 17.5%, 여학생은 9.1%

였다고 합니다. 학년이 높아질수록 증가한다고 해요.

아무래도 이렇다 보니 식량 위기는 저개발 국가에서 생기는 일이고, 나와는 상관이 없다고 느낄 수밖에 없겠죠. 가끔 재난이 발생했을 때 벌어지는 마트나 인터넷 쇼핑몰의 '품절 대란'을 보고 '그럴 수도 있겠구나' 하는 수준으로 생각할 것 같아요. 맞습니다. 딱 그 정도일 것 같아요. 앞에서 인류와 국가적 수준에서 식량 위기의 뜻과 원인, 해결 방법 등을 생각해 봤지만 실제 우리 옆에서 일어나는 변화는 관찰하기 어렵고 당장 눈에 띄지 않는 것이 사실입니다.

식량 위기는 개인의 어떤 행동이 당장 영향을 미쳐서 발생하는 상황은 아닙니다. 세상의 큰 변화 흐름 안에서 나의 생활 속에 일어나는 약간의 변화이고, 나를 넘어서서 '우리'의 관점에서 할 수 있는 일이 훨씬 더 중요합니다. 결국 우리 사회가 어떻게 변화해야 하는지에 대한 고민을 하고, 그 고민을 정책으로 만들고, 좋은 정책으로 정치를 할 수 있는 사람들을 지도자로 선출하는 민주적인 방법으로 실현할 수 있어요.

탄소세와 푸드 마일리지, 로컬 푸드

한편으로는 물건을 생산하고 유통하는 기업들이 식량 위기를 유발할 수 있는 많은 문제에 대하여 고민하고, 실제로 행동하는 것에 더욱 높은 가치를 두는 것도 좋은 방법일 것입니다. 앞으로는 기후 변화를 유발하는 온실가스 발생량에 대하여 '탄소세'를 도입해야 하는데, 우리나라는 2015년부터 탄소 배출량을 권리로 치환한 '탄소 배출권 거래 제도'를 도입했습니다. 기업과 정부는 이 탄소 배출권을 거래할 수도 있지요. 다시 말해, 할당된 탄소 배출권보다 탄소를 덜 배출한 기업은 남은 탄소 배출권을 팔 수도 있는 것입니다.

'탄소=돈'이 되는 세상이 오는 셈이죠. 그래서 이제 우리는 '저탄소 생활'을 해야 하는 상황에 처했습니다. 탄소세는 농식품 생산 가격을 높이게 될 것이고, 저탄소 생산을 하지 못하는 농업에는 많은 제한을 걸게 될 것입니다. 그 때문에 과거보다 비료, 농약과 물을 적게 사용하여 작물을 재배하고 가축을 사육해야 해요. 이렇게 만들어진 농산물을 가공하고 이동시키는 과정, 포장하는 과정도 모두 저탄소 시스템이어야 하죠.

3장에서 다뤘던 푸드 마일리지와 로컬 푸드를 기억하나요?

우리나라는 영국, 일본, 프랑스 같은 나라보다 푸드 마일리지가 월등히 높은 7,000tkm/인으로 나타났는데, 특히 곡물과 축산물이 그 주요한 이유죠. 이와 연관해서 다른 선진국의 예를 살펴볼게요. 프랑스의 '라 뤼셰(La Ruche)'나 이탈리아의 'G.A.S(Gruppo d'Acquisto Solidale)'와 같은 소비자 조직이 유명한데, 이와 같은 '윤리적 생산-소비 조합'은 눈여겨볼 만합니다. 이들은 네다섯 농가와 40~50명의 소비자로 그룹을 만들어 소비자가 원하는 것을 생산하고 직접 소비하기도 하고, 자립과 상생을 목표로 불필요한 유통 경로를 줄이고 있습니다.

우리나라에도 많은 로컬 푸드 매장이 있습니다. 완주군의 용진농협을 시작으로, 2022년 기준 800개소에 이른다고 합니다. 지역의 생산자들이 직접 생산과 판매를 하는 장소로, 소비자들은 자기가 살고 있는 곳에서 멀리 가지 않고 인근의 식품을 구매할 수 있다는 장점이 있지요. 이렇게 되면 푸드 마일리지도 많이 감소할 뿐만 아니라, 소비자와 생산자 간에 신뢰가 쌓여서 지역 생산자가 우수한 농산물을 지속적으로 생산할 수 있습니다. 이는 지역의 '식량 생산 능력'을 유지할 수 있다는 것을 의미하기도 합니다.

    식량이 부족한 세상이 온다면

한편 2023년 기준 우리나라 인구의 91.9%가 도시에 살고 있다고 합니다. 8% 정도만 식량 생산을 할 수 있는 농어산촌에 살고 있는데, 과연 식량 생산이 안정적이라고 생각할 수 있을까요? 사람들은 이에 대한 대안으로 '도시 농업'을 제안합니다. 실제로 많은 수의 생산 가능 인구가 도시에 있으며, 특히 노인들은 식물을 기르는 일을 좋아해요. '치유 농업'이라는 분야도 있는데 노인과 장애인, 스트레스가 심한 현대인들이 농업을 통하여 더 건강한 정신과 신체를 얻을 수 있다고 하죠. 식량을 생산하는 기술만 가능하다면 충분히 도시에서도 많은 양을 생산할 수 있을 것입니다. 노후된 도시의 건물이나 공터, 옥상 등을 이용해서 다양한 식재료를 생산할 수 있을 거예요.

또한 식량을 생산하고 유통하는 과정뿐만 아니라, 우리가 적절하게 음식을 소비하는 것도 중요한 부분이 될 것입니다. 이 부분에서 음식물 쓰레기에 대해 이야기하지 않을 수 없죠. 우리가 배출하는 전체 쓰레기 중 28.7%가 음식물인데, 우리나라의 인구 1인당 하루 음식물 쓰레기 배출량은 0.28kg으로 프랑스의 두 배에 달합니다. 그 이유로는 외식이 증가하고, 음식점에서 제공하는 너무 많은 반찬뿐만 아니라 상차림을 푸짐하게 해야 한다는 생각 그리고 음식을 남기는 습관을 들 수 있어요.

음식물 쓰레기를 너무 많이 만들면 온실가스가 과다하게 배출되고 악취와 수질 오염이 생깁니다. 그 결과, 강과 호수에 과다하게 농축된 영양분은 기후 변화로 상승한 수온 때문에 더 많은 온실가스 배출과 환경 오염을 일으키겠죠? 이것을 돈으로 환산해 보면 식량 자원 가치로 연간 약 20조 원, 처리 비용으로 8,000억 원에 이른다고 하니 절대로 쉽게 넘어갈 수 없는 문제입니다. 여러분 역시 식사할 때 음식을 남기지 말고 과식하지 않는 것도 좋은 방법이 될 수 있답니다.

4 식량 위기 극복을 위한 지속가능발전목표

지금까지 식량 위기가 무엇인지 그리고 그 영향력은 어떤 것인지, 또 그 원인이 무엇인지에 대해 생각해 보았어요. 식량 위기는 인류가 존재했던 과거부터 현재 그리고 미래에도 우리 주변에서 늘 발생할 수 있는 일입니다. 과거의 우리나라도 식량이 부족했고, 지금도 세계 여러 나라에서 겪고 있으며, 현재 바로 우리 이웃도 경험하고 있습니다. 더구나 기후 위기, 자원 위기, 환경 오염 등의 이유로 세계적인 식량 위기의 가능성이 더 높아졌음을 많은 과학자들은 거의 확신하고 있습니다.

과학 기술자들은 환경 조절 기술, 스마트팜 등의 장치 기술, 기후 변화에 강한 새로운 종자 개발 및 기르는 기술, 저탄소 유통 및 소비를 돕는 다양한 기술을 개발해야 한다는 것을 알고 노력해 왔어요. 또한 그러한 노력을 돕는 정치와 기업 활동이 중요하다는 사실도 모두가 알게 되었지요. 국제적인 협력의 체계로 만들어진 이러한 모든 노력은 유엔의 '지속가능발전목표'에 잘 요약되어 있습니다. 17개의 목표 중에서 식량 위기와 관련된 것으로 2번의 기아 종식을 꼽을 수 있는데요. 사실 1번 빈곤 퇴치, 3번 건강과 웰빙, 7번 적정 가격의 깨끗한 에너지, 11번 지속 가능한 도시와 지역 사회, 12번 책임 있는 소비와 생산, 13번 기후 행동, 14번 수생태계 보전, 15번 육상생태계 보전, 17번

유엔이 발표한 지속가능발전목표

 식량이 부족한 세상이 온다면

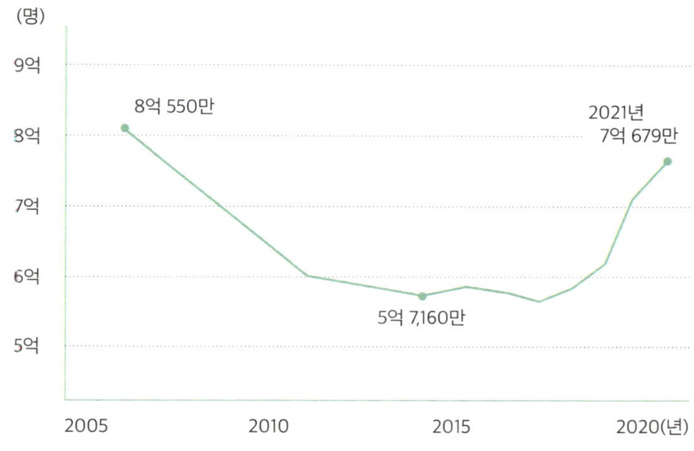

세계 식량 부족 인구의 변화(출처: FAO)

목표 달성을 위한 파트너십 등 거의 모든 목표가 직간접적으로 연결되어 있다는 사실을 알 수 있습니다.

식량 위기에서 살아남기 위해서 우리는 나와 이웃, 나라, 세계가 모두 연결되어 있다는 사실을 먼저 생각해야 합니다. 왜냐하면 어느 한 사람의 노력이나 어느 한 가지 생각이 이 문제를 해결하거나 미룰 수 없기 때문이죠. 우리는 좀 더 '윤리적인 생산과 소비'를 생각해야 하며, 그것에 대해 더 높은 가치를 줘야 해요.

유엔은 2050년에 세계 인구가 100억 명이 될 것으로 예상했어요. 1950년대에 불과 25억 명이었던 인구가 무려 4배나 늘어나는 것이죠. 식량 생산 능력은 매년 1% 정도씩 증가하는데, 약 80억 명의 인구 중 10% 정도가 극심한 배고픔을 겪고 있습니다. 이 비율은 계속 늘고 있어요. 지금처럼 먹고 즐길 수 있는 시간이 얼마 남지 않았고, 이러한 풍요를 누리는 것은 잘 사는 나라의 잘 사는 계층의 특권이 될 수도 있습니다. 우리나라가 식량 대부분을 수입하고 있는 나라라는 점을 다시 한번 기억했으면 합니다. 우리가 세상과 함께 다가올 위기에 노력하지 않으면 식량 위기는 우리 옆으로 바짝 다가앉을지도 모릅니다.

이제 함께 이 책의 이야기를 한 문단으로 정리해 볼까요? 먹을 것은 적당히 골고루 먹되 남기지 않는 절약이 필요하고, '저탄소 생활'에 관심을 가지기를 바랍니다. 식량 생산을 증가시키는 과학 기술의 발전을 지원하는 정책을 지지하고 따르며 '윤리적 소비'를 하는 것이 식량 위기에서 살아남기 위한 최선의 방법이라고요.